종교개혁 이야기

차례
Contents

03종교개혁 전야　08수도사 마르틴 루터　15개혁자의 길　26인간의 장벽을 허물라　33위기를 넘어서　45또 다른 전선, 스위스 종교개혁　54종교개혁과 정치　64칼뱅과 제네바 종교개혁　71칼뱅주의의 확장과 유럽　78가톨릭의 개혁과 종파주의 시대　88에필로그: 종교개혁 이후

종교개혁 전야

　"교황님은 로마 황제도 아닌데 마치 옛날 황제처럼 돈을 쓴다고 사람들은 수군거리고 있습니다."

　"그래서 나는 아까도 말하지 않았나. 나는 로마에서 돈 쓰는 법을 배웠다고. 그리고 종교란 것은 은행 따위와는 비교할 수도 없을 만큼 돈을 모으기에 적당해……. 하지만 이런 일도 오래 계속되지는 않을 거야."

　"그 독일 수도사 얘기를 들으셨군요."

　"루터 말인가? 아무래도 수입이 줄어들지 않을까, 그게 걱정이야……."

　『로마인 이야기』로 유명한 일본의 역사가이자 작가인 시오

노 나나미가 쓴 『신의 대리인』에 나오는 '16세기 초엽의 로마 풍경'의 한 장면이다. 당시 로마에서 화려한 르네상스 예술을 견인하던 교황에게는 막대한 자금이 필요했다. 메디치 은행이 파산한 상태에서 교황이 기댈 것은 순박한 신자들이 바치는 헌금과 면죄부 판매대금뿐이었다. 이에 분개하여 일어난 사람이 루터였다. 그러나 르네상스 건축과 예술에 심취한 교황의 눈에 루터는 인간과 예술의 위대함을 이해하지 못하는 음울한 독일 민족의 일개 수도사일 뿐이었다. 그의 종교개혁 운동은 그 이전의 개혁운동과 마찬가지로 공연히 요란만 떨다 소멸해버릴 작은 '소란'으로 여겨졌다. 그러나 이 작은 '소란'이 통일된 기독교 세계를 엄청난 소용돌이 속에 빠뜨린 대사건이될 줄은 누구도 알지 못했다.

르네상스 교황, 예술과 종교적 타락 사이

루터가 종교개혁을 일으킬 당시의 교황 레오 10세는 피렌체 출신으로 메디치가의 학문과 예술에 대한 열정을 바티칸에 끌어들인 인물이었다. 그는 당시 세계의 중심인 교황청에서 르네상스 문화의 견인차 역할을 하고 있었다. 짧은 기간이었으나 그의 재임 중 르네상스의 거장 레오나르도 다 빈치, 미켈란젤로 그리고 라파엘로는 교황청을 유럽에서 가장 화려한 궁정으로 만들기 위해 함께 창작에 열중하였다.

이를 위해 교황은 갖은 방법을 다해 돈을 끌어모았고, 그것을 탕진하였다. 당시의 연대기는 이렇게 적고 있다: "레오 10세는 세 교황의 재산을 혼자서 탕진했다. 전임 교황 율리우스 2세가 모아 둔 저금과 레오 자신이 재위 중에 벌어들인 수입과 다음 교황이 지불한 부채를 합해서." 레오 10세의 후임자인 하드리아누스 6세조차도 르네상스 교황의 세속화를 "악습은 너무나 자명한 것이 되어서 거기에 빠진 사람은 죄의 악취를 계속 인지하지 못했다"라고 묘사하였다. 이 당시의 고위 성직자나 하위 성직자 역시 교황청보다 결코 낫지 않았다. 사제의 혼외관계는 너무나 만연해 있어서 '사제의 자녀'라는 것이 결코 기분을 상하게 하지 못했고, 수도원과 교회는 이러한 귀족자제들의 부양기관이 되기도 하였다. 교회는 성직자들의 경제적인 이윤도구가 될 위험에 처했다. 기부금으로 제단에서 일하는 사제를 임명했고, 그는 죽은 기부자의 영혼 구원을 위해서 소위 침묵미사를 드렸다. 제단에서 일하는 사람은 종종 신학수업을 받지 않은 채 사제가 되었고, 미사를 올리며 성례를 집행했다. 사제로서 성직록을 받는 사람은 적은 돈을 주고 제단에서 일하는 사람을 고용하여 대행케 하는 일도 빈번하였다.

여러 방식으로 고안해 낸 세금과 기부금, 그리고 무엇보다 면죄부는 비어 있는 교황청의 금고를 채우는 수단이 되었다. 돈을 끌어모으려는 교황의 뻔뻔스런 요구는 많은 민중들의 원망의 대상이 되었다. 루터 이전에 적지 않은 사람들이 교회의 개혁을 외쳤으나 그것은 울림 없는 메아리에 그치고 말았다. 교황의 부당한 착취의 최대 피해자였던 독일 민족은 이미

1456년에 「독일 민족의 불만들」을 문서로 작성하였다. 이 문서는 제국회의 때마다 거듭하여 제출되었으나 교황청에 의해 받아들여지지 않았다. 이로 인해 오랫동안 쌓인 독일 민족의 불만은 인화성 연료가 되어 한 수도사가 내던진 작은 불씨를 요원의 불길처럼 번지게 했다. 신성로마제국의 변방 비텐베르크의 수도사이자 교수였던 루터는 본인의 의지와 상관없이 일약 독일 민족의 대변자로 부상하게 되었다.

신성로마제국과 비텐베르크

당시 신성로마제국[1]의 정치적인 상황은 종교개혁의 전개와 확장에 유리하게 작용했다. 만약 신성로마제국 황제 카를 5세가 프랑스의 프랑수아 1세나 영국의 헨리 8세처럼 강력한 중앙집권적인 권력을 갖고 있었다면, 개신교는 독일 지역에서 그처럼 확장되지는 못했을 것이다. 중세 후기의 프랑스, 스페인 그리고 영국은 통일적인 민족국가를 형성한 반면, 이태리와 신성로마제국은 지역 분권적인 정치 형태를 취하고 있었다. 더욱이 스페인과 합스부르크 왕가의 권력을 물려받은 스페인 출신의 젊은 황제 카를 5세는 독일어를 거의 이해하지 못했으며, 신성로마제국은 그의 관심의 일부에 지나지 않았다.

신성로마제국은 황제 선출권이 있는 7명의 선제후, 수많은 제후들, 기사들, 황제의 직접 통치를 받는 제국도시들이 주요한 정치적인 세력을 형성하고 있었다. 제국회의의 협의에 황제는 단지 간접적으로만 참여했다. 중요한 협상들은 세 개의 최고기관, 즉 선제후, 제후 그리고 제국도시들이 수행했다. 그러나 제국도시들의 결정은 단지 조언하는 성격만을 가졌을 뿐이다. 이 세 최고기관의 조정의 결과들은 황제의 동의를 받아야 했고, 이는 '독일제국회의 의결'로 공포되었다. 제국의회의 결정은 16세기 종교개혁의 전개에 중요한 변수가 되었다.

종교개혁에서 중요한 역할을 한 지역은 작센이었다. 작센 선제후의 보호가 없었다면 루터의 종교개혁운동은 초기에 진압되었을 것이다. 작센은 1485년 에른스트와 알브레히트 형제의 영지로 분할되었다. 형인 에른스트 측이 선제후의 직위를 가졌기에 그의 지역은 작센 선제후령(Kursachsen)이라 불렸다. 작센의 분할로 유일한 대학이던 라이프치히대학이 알베르트 공작령에 속하게 되자, 작센 선제후 프리드리히는 1502년 비텐베르크에 새로운 대학을 세우게 되었다. 이 이름 없는 작은 대학은 얼마 후 전 유럽을 뒤흔드는 종교개혁의 진원지가 되었다. 작센의 양 영지(領地)에 큰 도시는 없었으며, 약 9,000명 이상의 인구를 가진 괴어리츠가 가장 큰 도시였다(당시 라이프치히는 약 6,500명 정도, 비텐베르크는 약 2,000명 정도의 인구를 가졌다). 화려한 르네상스 문화를 꽃피우던 국제적인 도시국가들인 피렌체나 베네치아 그리고 파리나 런던 같은 유럽의 대도시에 비하면 비텐베르크는 신성로마제국 변방의 지방 소도시에 불과하였다.

수도사 마르틴 루터

종교개혁이 아무리 사회 정치적인 상황과 밀접한 상관관계를 가진다 하더라도 그 원초적인 동인은 종교적인 것임을 부인할 수 없다. 바로 비텐베르크의 수도사였던 마르틴 루터의 실존적·신앙적인 고민 속에서 종교개혁의 뇌관이 형성되었다. 종교개혁의 도화선이 되었던 95개 조항도 루터 자신의 오랜 신앙의 고뇌를 신학적인 차원에서 토론하기 위해 비텐베르크 성 교회의 정문에 고시하였던 것이다. 그러나 그것이 가져올 가공할 만한 폭발력은 그 누구도 예감하지 못했다. 루터는 종교개혁을 어떤 확정된 프로그램을 가지고 계획적으로 진행시킨 것이 아니라 자신도 예기치 못한 전선(戰線)의 변화에 따라서 투쟁하면서 자신의 종교개혁 사상을 가다듬어 나갔던 것이다. 그의 목표는 인간의 권위나 전통에 세워진 교회가 아니라, 성서 위에 기초한 복음적인 교회를 회복하는 것이었다.

수도사의 길

루터는 1483년 11월 10일 만스펠드 공작령인 아이슬레벤에서 한스 루터(Hans Luther)와 마가레트의 둘째 아들로 태어났다. 그의 부친은 새로 발견된 구리광에서 광부로 일하고자 아이슬레벤으로 오게 되었다. 이곳에서 루터는 그 시대의 관례대로 출생한 날의 성인인 마르틴(Martin)이라는 이름으로 세례를 받았다.

루터의 아버지는 아이슬레벤에서 그다지 큰 성공을 거두지 못하고 다음해 초여름 가족을 이끌고 만스펠트로 이사했다. 그는 이곳에서 일반 갱부로 일했다. 그러던 중 다른 사람과 함께 작은 제련소를 임대하는 데 성공했고, 어느 정도의 재산도 모았다. 루터는 시에서 운영하는 학교를 다니다 1497년 마그데부르크의 성당학교에 들어갔다. 1498년 부활절에 그는 그곳을 떠나 아이제나흐의 성 게오르그 신부학교에 보냈다. 이곳이 학비가 저렴했기 때문이었다.

1501년 4월 말 루터는 에어푸르트 대학에서 학업을 시작하였다. 자유 예과(artes liberales) 7과목, 즉 문법, 수사, 변증의 세 과목(Trivium)과 수학, 음악, 지리, 천문의 네 과목(Quadrivium)을 공부하는 인문학부에 등록하였다. 이 과정을 마친 사람만이 그다음의 학과인 신학, 의학, 법학을 공부할 수 있었다. 루터는 1505년 인문학사 학위 시험을 통과하였다. 에어푸르트대학의 학문적인 경향은 새 길(via nova), 즉 오컴의 유명론적인 인식론의 특징을 띠고 있었다. 이러한 경향에 의하면 실재는 개별적인 것이거나 경험되는 것이며, 실재의 틀을 묘사

수도사 루터(루카스 크라나흐 작)

하려고 시도하는 보편개념들은 정신 내적인, 즉 우리의 사고 속에만 존재하는 실재이다. 루터는 이 당시 "성서적 진리와 자연이성을 구분하는 법을 배웠다"고 회상하였다.

인문학부를 마친 루터는 아버지의 소원에 따라 법학공부를 시작하였다. 법학도 시절 루터는 인생의 전환을 가져온 충격적인 경험을 하였다. 1505년 6월 2일, 그는 만스펠트에 있는 부모를 방문하고 학교로 돌아오는 길에 스토테른하임에서 커다란 폭우를 만났다. 번개가 그의 옆 숲을 때렸다. 그는 죽음의 공포에 휩싸인 채 땅에 납작 엎드려 자신도 모르게 광부들의 수호성인 안나에게 도움을 요청했다. 그리고 알 수 없는 힘에 이끌려 수도사가 되기로 서원(誓願)하였다. 그는 자신이 한 서원에 대해 많은 고민을 한 끝에 에어푸르트의 아우구스티누스 은둔 수도회에 들어갔다. 그는 번개 치듯 갑자기 닥칠 죽음과 그 이후의 심판을 온전히 준비하는 길은 수도사가 되는 길

밖에 없다고 생각했다. 아버지는 자신의 기대를 저버리고 수도사가 되려는 루터에 강하게 반대하였다.

수도사 루터는 엄격한 금욕적인 수행을 통하여 내면적인 자아성찰을 하였다. 이를 통해 그는 마음의 평화를 경험한 것이 아니라 오히려 영적인 시련을 겪게 되었다. 그는 수도사가 되기 이전보다 더욱 하나님의 심판에 대한 공포에 사로잡혔다. 그런 가운데 그는 에어푸르트 성당에서 사제가 되었다. 신부가 된 후 수도원장은 정식 신학공부를 그에게 명했다. 1508년 가을 루터는 비텐베르크에 있는 아우구스티누스 은둔수도회로 자리를 옮겨 그곳에서 생활하며 학업을 계속했다. 1509년 3월 성서학 학위(Baccalaureus biblicus)를 받은 후, 그는 다시 에어푸르트로 돌아왔다.

1510년 11월 루터는 수도원 내 다른 동료 한 사람과 함께 수도회 독일지부 총 책임자인 요하네스 폰 스타우피츠의 명을 받고 로마에 파견되었다. 스타우피츠는 규율을 좀 더 강화시키는 방향으로 수도회를 개혁하고자 하였다. 그러나 로마에서 개최된 수도원 총회에서 루터와 스타우피츠의 주장은 받아들여지지 않았다. 4주간 로마에 체류하는 동안 루터는 르네상스의 현란한 예술과 로마 성직자들의 세속화와 타락에 환멸감을 느꼈다. 그럼에도 불구하고 그는 순례자의 규칙에 따라 로마에 있는 7교회를 방문하면서 거기에서 제공하는 은총의 수단을 얻고자 노력하였다.

수도원 탑(塔) 방에서 발견한 천국의 문

　루터는 자신의 상관이자 고해신부인 스타우피츠의 부름을 받고 1511년 비텐베르크로 갔다. 그는 그곳 수도원의 담당 설교자로 일하면서 공부하여 박사학위를 획득한 후 신학부 교수가 되었다. 스타우피츠는 수도원 업무 때문에 자신이 감당할 수 없었던 성서학 교수직을 루터에게 넘겨주었다. 이것은 초기 루터의 생애에 결정적인 전기를 마련해 주었다. 이때부터 행한 집중적인 성서주해를 통해 루터는 스콜라 신학의 껍질을 하나씩 벗겨 낼 수 있었다. 그는 1513년 8월부터 1515년 7월까지 시편을 강의했다. 주해를 위해 시편을 선택한 것은 우연이 아니다. 그는 수도사로서 매일 시편을 노래했고, 명확하게 이해하지 못한 것이 많이 있었다. 대표적인 예로 시편 31:1의 "주의 의(義)로 나를 건지소서"라는 구절이 그를 괴롭혔다. 그는 심판하시는 하나님의 의가 어떻게 그를 구하며 자유케 하는지 의문을 품었다. 1차 시편강의에 이어 1515년 11월부터 1516년 9월까지 한 로마서 강의에서 비로소 그의 오랜 실존적인 고민과 신앙의 시련을 해결하는 종교개혁적인 돌파구가 열렸다고 볼 수 있다.

　종교개혁적 원리의 인식과 관련하여 루터는 1532년 『탁상담화』에서 다음과 같이 회고하였다.

　"의로운" 그리고 "하나님의 의"라는 말들이 번개처럼 내 양심을 찔렀다. 그 말들을 들을 때 나는 무기력해졌다. 하나님이 의롭다면, 그는 벌을 내리실 것이 틀림없다. 한 번은 내가 이 탑(비텐베르크의 아우구스티누스 은둔 수도원에 있는 탑 방) 속에서 "의인은 그의 믿음으로 살 것이다"(롬1:17)라는 말씀과 "하나님의 의"에 대하여 깊이 묵상했을 때, 곧 이런 생각이 들었다. 만일 우리가 의로운 자로서 믿음으로 살고 하나님의 의가 믿는 사람을 구원으로 이끈다면 그것은 우리의 공로가 아니라 하나님의 자비가 된다는 것이다. 이 이를 통해 내 영혼은 다시 기운을 얻었다. 하나님의 의는 우리가 그리스도를 통해 의롭게 되고 구원을 받는다는 사실에 그 본질이 있기 때문이다. 이제 이러한 말들은 내게 가장 사랑스런 말이 되었다. 이 탑에서 성령이 성서를 내게 드러내 보이셨다.[2]

그전까지 루터는 하나님의 의가 심판하고 벌하시는 것이라 이해했으나, 이제는 그 의를 믿는 자를 의롭다고 여기는 하나님의 자비로 이해하게 되었다. 이러한 인식의 변화를 루터는 자신이 죽기 1년 전인 1545년 비텐베르크에서 출판된 자신의 『전집 *Opera latina*』 서문에서 한 번 더 상세하게 기술하였다.

수도사로서 나는 흠 없이 살았음에도 불구하고 하나님 앞에서 내가 죄인이라 느꼈다. 내 양심은 불안했으며, 나의 행위를 통하여 하나님과 화해할 수 있다고 생각할 수 없었다. 나는 죄인을 벌하시는 의로우신 하나님을 더 이상 사랑할 수 없었다. 아니, 나는 그를 미워했다. 원죄를 통해 영원히 저주받은 죄인들에게 십계명이라는 율법으로 다시 억압하는 하나님을 나는 용납할 수 없었다. 하나님은 복음을 통해 고통에 고통을 가중시키고 있으며, 우리에게 역시 그의 의와 분노로 위협하고 있다고 생각했다. 이렇게 나의 마음은 혼란스러웠으며, 진리를 향해 목말랐다. 그럴수록 나는 바울이 말한바 "하나님의 의가 복음에 나타나서 기록된 바 의인은 믿음으로 산다"는 말씀의 의미와 연관성을 깨닫기 위해 낮이나 밤이나 몸부림쳤다. 불현듯 나는 '하나님의 의'에 대한 새로운 생각에 도달하게 되었다. 의인은 하나님의 선물인 믿음으로 산다고 이해하기 시작했던 것이다. 복음을 통해 하나님의 의가 나타났다는 것은 나의 능동적인 의가 아니라 나에게 주어진(수동적인) 의를 통해서 자비로우신 하나님께서 우리를 믿음으로 의롭게 하시는 것이 바로 '의인은 믿음으로 산다'는 의미임을 인식했던 것이다. 바로 여기서 나는 다시 태어났다. '천국으로 향하는 문'이 열리고 내가 거기로 들어가고 있다는 생각이 들었다.[3]

개혁자의 길

종교개혁의 발단이 되었던 면죄부는 루터 당시에 처음으로 발행된 것도, 불법적인 것도 아니었다. 십자군 전쟁 시 십자군에 참여하는 사람과 특정한 십자군을 위한 기금 기부자를 위해 면죄부가 발행되었다. 1300년 보니파키우스 8세(1294~1303)는 소위 기념 면죄부를 발행했다. 이 면죄부는 로마의 건국을 기념하는 해에 로마에 있는 베드로와 바울의 묘를 방문하는 사람들에게 주어졌다. 보니파키우스 8세는 그렇게 기념하는 해는 백 년마다 열리도록 규정했지만, 그 기간은 점점 더 단축되어서 돈을 주고 일괄 면죄부나 특별 면죄부를 구입할 기회는 점점 더 많아졌다. 르네상스 교황 시절에는 화려한 예술과 건축을 위한 막대한 자금이 필요했다. 면죄부는 텅 빈 교황청의 금고를 채우는 좋은 수단이었다.

면죄부와 95개 논제

교황 율리우스 2세는 로마에 베드로 성당을 신축하고자 했고 그 재정을 조달하기 위해 1506년 일괄 면죄부를 발행했다. 그는 독일의 알브레히트에게 이 면죄부 판매를 위임하면서 면죄부 판매 수입의 절반을 교황청이 푸거 가문에서 차용한 융자금을 상환하는 데 사용할 수 있도록 허용하였다. 그리고 알브레히트는 나머지 상당부분을 마인츠 교구와 마그데부르크 교구를 인수하는 상납금으로 지불해야 했다. 알브레히트는 도미니크 수도사이자 열정적인 설교자 테첼을 통해 면죄부를 팔았다. 테첼은 "금화를 면죄부 헌금함에 넣어 딸랑하는 소리가 나면, 죽은 자의 영혼은 천국으로 향한다"고 설교하였다. 그는 '가난한 과부의 마지막 남은 두 푼까지 속여서 빼앗는 타락한 면죄부 상인'이었다.

95개 논제가 걸렸던 성(城) 교회, 지금은 95개 논제가 동판으로 새겨져 있다.

면죄부 문제에 대해 오랫동안 고민하던 루터는 마침내 만성절4) 하루 전날인 1517년 10월 31일, 개인적인 편지와 함께 면죄부를 비판하는 95개 논제를 마인츠 대주교 알브레히트와 비텐베르크 소속 교구인 브란덴부르크 주교 히에로니무스 슐체에게 보냈다. 그는 그 막강한 알브레히트에 대한 두려움과 불안한 마음을 떨치지 못한 채 최대한의 예의를 갖추어 편지를 썼다. 같은 날, 루터는 그 당시 부패한 교회의 상징처럼 여겨졌던 면죄부에 대해 학문적으로 토론하고자 비텐베르크 성(城) 교회 문에 95개 논제를 붙였다.[5]

면죄부에 대한 신학적인 토론의 필요성을 절감한 것은 루터 자신에게 고해해야 할 비텐베르크 성 교회의 신자들이 면죄부를 구입하고 나서 고해의 필요성을 부인했기 때문이다. 이들은 비텐베르크에서는 면죄부 판매가 금지되었기 때문에 위터보그 또는 체룹스트에서 면죄부를 구입했다. 이 도시들은 대주교인 알브레히트가 테첼에게 베드로 면죄부를 판매하도록 허용한 도시였다.

중세 교회의 가르침에 의하면 참회의 성례전에서 영원한 지옥의 형벌은 용서받지만, 죄인의 죄를 경감시키는 데 도움이 되는 한시적인 형벌을 용서받는 것은 아니다. '한시적인 형벌' 사상은 중세 교회가 부과하는 참회형벌과 결합되었다. 참회형벌은 참회를 행할 때에 사제가 부과하는 것이며, 고해자는 경건한 행동으로 이렇게 부과된 형벌을 실천함으로써 자유로워질 수 있었다. 면죄부는 바로 교회가 부여하는 이러한 참회형벌의 사면을 보증해 주었다.

루터가 그 이전에도 면죄부에 대해서 비판적으로 언급한

적이 있지만, 이번에는 95개 논제를 통하여 총체적으로 면죄부 논리와 그 효용가치에 대하여 토론하고자 하였다. 로마의 금전적인 타락만이 문제가 아니라 그것의 잘못된 신학적인 전제를 문제시한 것이다. 루터는 이제 그리스도인은 그리스도의 의를 믿음으로써 모든 죄에 대하여 용서받은 존재임을 깨닫게 되었다. 그러나 그리스도인은 이미 용서받긴 했으나, 여전히 존재하는 원죄의 세력으로부터 매일매일 돌아서는 삶을 살아야 하는 죄인이기도 하였다.

이런 관점에서 루터는 면죄부 논제 제1항에서 "우리들의 주(主)요 선생이신 예수 그리스도께서 '회개하라'고 말씀하심으로 신자의 모든 삶이 참회이기를 원하셨다"고 강조한다. 또한 "참된 참회가 이루어졌다고 느끼는 모든 그리스도인은 예외 없이 면죄부가 없어도 그에게 부여되는 형벌과 죄책으로부터 완전한 용서를 받는다"고 선언하였다. 루터는 또한 "교회의 참된 보화(寶華)는 바로 가장 거룩한 복음이다"라고 단언함으로써 면죄부 논리의 핵심인 교회보화론을 거부하였다. 이이론은 1230년 성 체르의 휴고가 확립한 것으로, 그리스도와 성인(聖人)은 자신을 구원하고도 남을 만큼의 공로를 지녔는데 이것을 교회가 보화로서 지니고 나누어줄 배타적인 권한을 지닌다는 것이다.

루터의 논제는 신속하게 전 독일 지역으로 퍼져 나갔다. 1517년 말에 이미 라이프치히, 뉘른베르크 그리고 바젤에서 출판되었다. 루터가 몸담고 있는 수도원에서는 95개 논제를 우선 신중하게 수용하였다. 수도원장인 울리히 아담이 직접 루터를 찾아가 수도원을 논란거리로 만들지 말 것을 당부하였다. 면죄부 설교자 테첼은 1517년 11월 베를린에서 브란덴부르크 감독이 이 논제를 자신에게 제시했을 때 이렇게 말했다. "이 이단자를 내가 3주 안에 불속에 집어던질 것이다."

초기 신학 논쟁

루터는 95개 논제 때문에 마인츠의 대주교 알브레히트에 의해 로마 교황청에 공식적으로 제소되었다. 그리고 테첼과 잉골스타트대학의 교수인 요한 에크의 공격을 받았다. 로마에 있는 아우구스티누스 은둔 수도회 총 책임자는 우선 루터에 대한 소송을 열기보다는 루터가 본래 의도한 바대로 면죄부 논쟁을 신학적인 토론의 방식으로 해결하고자 하였다. 스타우피츠는 1518년 4월 26일 하이델베르크에서 열리는 자신의 수도회 총회에서 자신의 입장을 밝혀 줄 것을 루터에게 요청하였다. 이렇게 해서 유명한 루터의 하이델베르크 논쟁이 이루어졌다.

루터는 이 논쟁에서 스콜라 신학자들의 '영광의 신학(theologia gloriae)에 반해 자신의 신학을 '십자가의 신학(theologia crucis)이라고 불렀다. 그는 "하나님의 비가시적인 것들을 피조된 가시적인 것을 통해 이해하고 인식하는 사람이 신학자가 아니라, 십자가와 고난을 통해서 하나님의 일을 인식하고 이해하는 사람이 신학자이다"라고 주장하였다. 또한 '십자가 신학이 없으면 인간은 스스로 가장 선한 것을 가장 나쁘게 오용한다고 보았다. 이 논쟁을 통해 적대자들을 설득할 수는 없었지만, 루터는 브렌츠, 마르틴 부처와 같은 남부 독일 출신의 젊은 신학자들을 자기의 편으로 만들 수 있었다.

이 논쟁 직후 작센의 도미니크파 회원들은 루터에게 이단혐의를 씌워 로마에 고소하였다. 로마 교황 레오 10세는 교황청 신학자들의 검토를 거쳐 7월 초 루터에게 편지를 보내 60일 이내에 개인적으로 로마에 출두하여 본인이 범한 잘못과 이단혐의에 대하여 답변하도록 요구하였다. 이 요구서는 교황청 대사 자격으로 터키와의 전쟁에서 독일 귀족들의 지원을 얻을 목적으로 아우구스부르크 제국회의에 머물러 있던 카예탄을 통해 루터에게 전달되었다. 그러나 루터의 지역 영주이던 선제후 프리드리히 현제(賢帝)가 이 문제에 개입하여 로마 교황청에 이의를 제기하였다. 이는 카를 5세가 황제로 선출되기 전 독일제국과 관련된 문제는 독일 내에서 다루어지고 결정되어져야 한다는 규정에 서명한 사실을 들어 루터의 로마 소환을 반대했던 것이다.

그 결과 루터의 심문은 추기경 카예탄의 주관하에 1518년 10월 12일부터 14일까지 아우구스부르크에서 이루어지게 되었다. 카예탄은 루터에게 세 가지를 요구하였다. 첫째, 자신의 오류를 취소할 것, 둘째, 그것을 더는 전파하지 말 것, 셋째, 교회의 평화에 해가 되는 모든 활동을 정지할 것 등이 그것이었다. 이에 대해 루터는 만약 카예탄이 자신의 오류를 입증하고 잘못되었음을 밝히면, 취소하겠으나, 자신이 성서의 입장에서 무엇이 잘못된 것인지 모른다고 답변하였다.

또 다른 신학논쟁이 라이프치히에서 일어났다. 루터와 에크 사이에 벌어졌던 이 논쟁의 핵심은 교황의 수위권과 공의회의 권위에 관한 것이었다. 에크는 "교황 실베스테르 1세(재위 314~335) 이전에는 로마 교회가 다른 교회보다 우위에 있지 않았다는 주장을 부인한다. 그 반대로 처음부터 성 베드로의 신앙과 직위를 가진 그를 우리는 베드로의 후계자요 그리스도의 대리자로 인정했다"고 주장하였다. 이에 반해 루터는 "그러한 주장은 400년 이후에야 등장한 로마 교회의 근거 없는 교령에서 나온 것이다. 그러나 1,100년의 신앙의 역사와 성서 본문과 모든 공의회 가운데 가장 거룩한 공의회인 니케아 공의회는 이것을 반대한다"고 주장하였다.

루터는 교황의 수위권은 엄격한 의미로 볼 때 황제 콘스탄티누스 4세(재위 669~683) 치하에서 비로소 형성되었다고 보았고, 동방 정교회는 결코 로마의 수위권 주장을 받아들이지 않았으며, 로마 교회와 동일한 권한을 가진 기독교회로 생각한다고 주장하였다. 교황의 수위권은 신적인 법이 아니라 인간이 만든 하나의 제도에 불과하였다. 성서가 증거하듯 교회가 아닌 그리스도만이 교회의 머리가 될 수 있기 때문에, 루터는 성서에 근거가 없는 어떤 것도 구원에 절대적인 것으로 주장할 수 없다고 생각했다. 베드로에게 주어졌다는 죄를 사하는 권세는 그가 교회를 대표했기 때문이며 이것은 원칙적으로 모든 그리스도인에게 주어졌음을 의미한다고 그는 보았다.

"주여, 나를 도우소서!"

마침내 교황청은 1520년 6월 15일 루터에 대한 파문위협 칙서인 「주여 일어나소서! *Exsurge domine*」를 공포하였다. 루터는 '주님의 포도밭을 어지럽히는 멧돼지나 뱀'이었다. 이 칙서는 루터의 글에서 발췌한 41개의 문장을 "이교적이며, 분노를 유발하고 오류가 있으며, 경건한 자의 귀를 더럽히고, 평범한 사람을 유혹하며 무엇보다 가톨릭 교리와 모순된다"고 정죄하면서, 60일 내에 이 말들을 취소하지 않으면 파문할 것임을 경고하였다. 극단으로 치닫고 있는 로마와의 갈등을 해소하기 위해 교황청의 시종 카를 폰 밀티츠는 엘베의 리히텐베르크에서 루터를 만나 교황 레오 10세에게 개인적인 서신을 보낼 것을 권고하였다. 루터는 예의를 갖춘 편지를 통해 '가장 거룩한 아버지' 레오 10세에 대항하여 어떤 악한 것도 행하지 않았으며 다만 성서를 근거로 교황제도를 비판하고자 했음을 분명히 하였다.

1520년 10월과 11월 뢰벤과 쾰른에서 자신의 서적들이 공개적으로 소각당하자, 루터는 더 이상의 기대를 가지지 않고 그해 12월 10일 비텐베르크 시 입구에서 많은 교회법전들과 요한 에크의 책들과 파문위협 칙서인 「주여 일어나소서!」를

불태웠다. 이에 분노한 교황
청은 1521년 1월 3일, 「로마
교황의 칙서」를 통해 루터의
파문을 공포하였다.

수도사였던 루터에게 파문
은 종교적인 죽음을 뜻하는
것이었다. 이를 세속적인 방
식으로 확정하고 실행하기 위

보름스 제국회의에 선 루터

한 절차는 보름스 제국회의에서 이루어질 예정이었다. 이제
루터를 기다리고 있는 것은 제국 추방이라는 세속적인 죽음이
었다. 루터는 신변의 위협을 느끼게 되었다. 루터는 선제후 프
리드리히 현제의 도움으로 신변의 안전을 보장받고 공개적인
심문을 받고자 보름스로 향했다. 그러나 그의 눈앞에는 신변
의 안전을 보장받고 콘스탄츠 공의회에 참석했다가 체포되어
화형 당한 체코의 종교개혁자 얀 후스의 그림자가 아른거렸
다. 1521년 4월 17일, 그는 황제와 제국의회 앞에서 자신의
종교개혁 신학과 교회의 개혁에 대해 변론하였다. 교황청 대
사인 알레안더는 오류를 범한 책이라고 모은 약 20여 권의 루
터의 책을 증거물로 제출하였다. 그리고 루터에게 이 책을 알
고 있는지의 여부와 이 책들의 오류를 취소할 뜻이 없는지 물
었다. 루터는 자신의 책들임을 인정했고 취소와 관련해서는
하루 동안 생각할 기회를 달라고 요구하였다. 그는 고뇌의
밤을 보내며 자신의 입장을 정리했다. 다음날 18일 루터는

다시 한번 취소를 요구받았다. 루터는 황제와 선제후 그리고 수많은 제국회의 회원이 지켜보는 가운데 자신의 입장을 천명하였다.

저는 교황도 공의회도 믿을 수 없습니다. 왜냐하면 그들은 종종 실수했고 모순되었기 때문입니다. 그러나 성서의 증언이나 명백한 이성적인 근거를 통해서 반박될 수 없을 때, 저는 제가 인용한 성서의 말씀을 따를 수밖에 없습니다. 저의 양심이 하나님의 말씀에 사로잡힌 한, 저는 어떠한 것도 취소할 수 없으며 할 의지도 없습니다. 왜냐하면 양심에 반하여 행동하는 것은 불확실한 것이며 구원을 위협하는 일이기 때문입니다. 주여, 나를 도우소서. 아멘.6)

4월 24일 트리어 대주교의 숙소에서 루터에 대한 특별재판이 한 번 더 벌어졌고 여기서도 루터는 취소를 거부하였다. 마침내 루터는 자신에 대해서 조치하겠다는 황제의 통보를 받았고, 다음날 보름스를 떠났다. 비텐베르크로 귀환 도중 루터는 괴한들에 의해 납치되었다. 이것은 프리드리히 현제가 납치를 위장해 루터를 구출하기 위한 비밀작전이었다. 사람들은 그후 루터가 어디로 사라졌는지 알지 못했다. 보름스 칙령은 가결되었고 이제 루터뿐만이 아니라 그를 보호하는 모든 사람은 제국법의 보호를 받지 못하게 되었다. 황제의 칙서는 다음과 같이 결론지었다.

"이 문제의 재판장이며 거룩한 아버지인 교황이 허락한 파문칙서가 완전히 실현되기까지 하나님의 교회에서 파문된 루터를 완고한 자요, 분리자요, 그리고 이단자임을 엄숙히 선포한다."

인간의 장벽을 허물라

보름스 제국회의가 열리기 직전인 1520년은 루터가 글을 통해 열정적으로 자신의 종교개혁사상을 전파한 해였다. 구텐베르크가 발명한 금속 활판인쇄기는 마치 적군의 방어진을 파괴하는 엄청난 '종이 폭탄'을 쏟아내는 대포와 같았다. 수많은 종교개혁적인 글들과 교황과 교회의 타락을 풍자하는 판화들이 쏟아져 나왔다. 그 가운데 소위 3대 종교개혁 문서라고 말하는 「독일 그리스도인 귀족들에게, 기독교회의 개선에 관하여」 「교회의 바벨론 포로에 대하여」 그리고 「그리스도인의 자유」야말로 가장 강력한 폭탄이었다. 이것들은 95개 조항보다도 더 큰 파괴력을 지녔다. '루터 사건'이 제국의 문제로 확대된 것은 바로 이들 문서의 신속한 확산과도 관계가 있었다.

「독일 그리스도인 귀족들에게, 기독교회의 개선에 관하여」

이 문서는 교회가 스스로 개
혁할 능력이 없을 때, 황제나 독
일 귀족들은 세례 받은 그리스
도인의 자격으로 교회개혁을 수
행할 수 있음을 천명한 것이다.
루터에게 교회는 '그리스도를 믿
는 모든 신자들의 모임'이었고,
참된 교회의 머리는 오직 그리

인쇄술의 발달은 종교개혁 사상을
확신시키는 데 결정적인 기여를 하였다.

스도이며 그리스도만이 교회를 다스린다는 것이 그의 생각이
었다. 이러한 새로운 교회이해를 바탕으로 루터는 교회개혁을
착수하고자 하였다.

로마 교황주의자들은 자신들이 오랫동안 쌓아온 세 가지
장벽을 통해 지금까지 어느 누구도 개혁할 수 없도록 자신
들의 방패막이로 삼아왔다. 첫째로 만약 세속적인 권력으로
그들을 억누르면 그들은 "세속권력은 우리들을 다스릴 권리
가 없으며, 오히려 영적인 힘이 세속적인 힘보다 위에 있다"
고 주장했다. 둘째로 성서를 통해 그들을 비판하려고 하면
그들은 "교황 이외에는 어느 누구도 성서를 해석할 권한이
없다"고 대응하였다. 마지막으로 공의회를 통해 그들을 비
판하면 그들은 "교황 외에는 어느 누구도 공의회를 소집할

권한이 없다"고 꾸며댔다.[7]

이러한 로마 교황주의자들이 쌓아 온 세 가지 장벽에 대하여 루터는 다음과 같이 반박한다. 첫째는 영적인 권력이 세속적 권력보다 우위에 있다는 주장에 대한 것이다. 루터는 세례를 받은 모든 그리스도인들은 비록 동일한 직임은 아니라고 할지라도 동일한 영적 신분을 지닌 구성원이라는 '만인사제직'을 주장한다. 따라서 만약 교회의 직임자들이 이러한 개혁을 거부한다면 세례 받은 그리스도인들인 세속정부가 이러한 개혁을 할 수 있다.

교황만이 성서를 구속력 있게 해석할 수 있다는 두 번째 주장에 대해, 루터는 성서는 교회와 신학의 권위일 뿐만 아니라 그 자신에 대한 해석의 권위라고 주장한다. 그는 바로 "성서는 바로 그 자신의 해석자이다"(Scriptura sacra sui ipsius interpres)라는 말로 요약하였다. 전통이나 교황의 직권이 성서의 바른 해석을 결정하는 것이 아니라 성서가 그 스스로 해석한다는 것이다.

세 번째로 교황만이 공의회를 열 수 있는 권한이 있다는 주장에 대해, 루터는 만인사제직의 원칙에 따라 세례 받은 세속정치가들은 성서를 기준으로 삼아 교회 개혁을 수행할 수 있도록 자유로운 공의회를 소집할 권한이 있다고 주장하였다.

루터는 인간이 세운 이러한 장벽을 허문 후에야 참다운 복음이 드러나고 참다운 교회가 이루어질 수 있다고 보았다. 그는 그동안 하나님과 인간 사이를 가로막고 있던 성직자 계급과 잘못된 교회법 및 성례전의 장벽을 허물고 그리스도인 개개인이 직접 하나님을 대면하도록 촉구한 것이다.

「교회의 바벨론 포로에 대하여」

루터는 이 문서를 통해 로마 교회의 성례전을 비판하였다. 로마 교회는 성례전의 효력을 객관적인 거룩한 교회와 사제의 권위에 두었다. 이에 반하여 루터는 "성례를 성례답게 만드는 것은 오직 하나님의 말씀과 신자 개개인의 믿음뿐"이라고 주장하였다. 또한 성서에 의해 확실하게 뒷받침이 되는 세례와 성만찬만을 성례전으로 인정하였고, 참회(고해)는 제한적인 의미에서만 성례전이라고 보았다. 그 이외의 혼인, 신품, 견진, 그리고 도유(塗油) 성사[8]를 루터는 성례전으로 받아들이지 않았다. 더 나아가 세례와 성만찬조차도 교회의 오랜 전통 속에서 심각하게 변모되었기 때문에 이 잘못된 성례전의 포로에서 해방되어야 한다고 역설하였다.

그는 성만찬과 관련하여 세 가지 속박을 말한다. 잔 박탈의 속박, 화체설(化體說)의 속박, 미사의 속박이 바로 그것이다. 루터는 성찬식에서 두 가지 요소인 빵과 포도주 모두를 신자들에게 줄 것을 요구하였다. 신자에게 포도주를 주지 않는 것은 성서의 성찬제정에 위배된다고 보았다. 화체설은 1215년 제4차 라테란 공의회에서 인노켄티우스 3세에 의해 교리로 확정된 것으로, 미사에서 사제가 드린 축성을 통해 빵과 포도주가 실제로 그리스도의 몸과 피로 변화된다는 것이다. 이러한 교리는 성직자 계급의 권력과 위엄을 쌓은 토대가 되었다. 평신도와 구별된, 서품을 받은 사제만이 화체를 일으키는 성찬 요소를 축성할 수 있기 때문이다. 이에 대하여 루터는 "성례에 그리스도의 참 몸과 피가 있게 하기 위하여 빵과 포도주가 변질될 필요는 없으며, 두 가지가 다 있는 그대로 동시에 거기에 존속하면 되는 것이다. 이것이 "이 빵은 내 몸이며, 이 포도주는 내 피다"라는 말의 참된 의미이다"라고 주장하였다. 성만찬에 대한 세 번째 속박은 미사를 희생제사로 이해하는 것이다. 로마 교회가 행하는 미사는 골고다에서 십자가를 지신 그리스도의 희생을 반복하는 것을 의미한다. 루터는 사제에 의해 드려지는 이러한 미사가 공로가 되게 할 위험이 있다고 비판하였다.

로마 교회의 가르침에 따르면 세례의 은총을 통해 원죄가 사라지고 죄의 뿌리까지도 소멸되나, 세례 이후에 죄를 범하면 세례의 은총이 상실되기 때문에 성례전을 통하여 새롭게 은총을 받아야 한다. 그러나 루터는 비록 죄가 은총의 능력을 벗어나 우리를 지배하는 세력이 된다고 할지라도, 죄는 결코 세례의 본질을 소멸시킬 수 없다고 보았다. 그 반대로 그는 우리가 바로 회개하고 참회함으로써 세례를 통해 주신 객관적으로 적용되는 하나님의 언약 아래로 언제든지 새로이 복귀할 수 있다고 보았다. 따라서 참회는 세례를 대신하는 것이 아니고 '파선 후의 제2의 널빤지'도 아닌, 믿음 안에서 언약의 변함없는 훈련이자 '세례로의 계속적인 복귀'이다.

루터는 유아세례를 인정하였다. "우리는 세례를 받았을 때 어떤 노력과 공적으로도 해를 입지 않고 모든 점에서 자유하며 오로지 영광스런 세례의 능력으로만 거룩하게 태어난 작은 아이들이 되어야만 한다. 그러므로 우리 역시 그리스도 안에서 연이어 세례를 받는 그런 작은 아이들이다"라고 그는 말했다. 그러나 하나님의 약속은 신앙을 통해서만 주어지는데, 유아들이 어떻게 신앙을 가질 수 있는가? 이에 대해 그는 유아를 세례 받도록 데려오는 사람의 "낯선 믿음"이라고 답한다. 그는 교회의 기도, 부모와 대부(代父)의 기도로 부어지는 신앙을 통해 유아는 정결케 되고 새롭게 된다고 보았다.

「그리스도인의 자유」

1520년 말에 쓴 이 문서에서 루터는 그리스도인이 무엇인지, 그리고 그리스도께서 그에게 주신 자유를 어떻게 행해야 하는지를 다루고 있다. 그는 그리스도인의 자유에 대해 다음과 같이 역설적으로 묘사한다. "신앙 안에서 그리스도인은 더할 수 없이 자유로운 만물의 주인으로 아무에게도 예속되지 않지만, 사랑 안에서 그리스도인은 더할 수 없이 충실한 만물의 종이며 모든 사람에게 예속된다."

인간은 신앙을 통해서만 의롭게 되며 하나님의 자유에 참여한 사람으로서 자유로운 것이다. 또한 이 신앙은 사랑을 통하여 밖으로 작용하며, 이웃의 행복을 위하여 자신의 자유를 기꺼이 포기하는 것이다. 여기서 말하는 자유는 자신의 행위나 실천의 결과가 아니라 '하나님의 사랑으로 그 자신이 받아들여졌음'을 말한다. 다시 말하면 하나님의 선물인 이러한 자유는 내적이며 영적인 인간의 자유이다. 그러나 루터가 이 자유를 인간의 내면성에 제한시켰다고 생각해서는 안 된다. 루터의 다음과 같은 말이 그것을 방증하고 있다.

> 그리스도인은 그 자신 안에서가 아니라, 그리스도와 그의 이웃 안에서 사는 사람이다. 신앙으로 주 안에서 살고 사랑으로 이웃 안에서 산다. 신앙을 통해 그는 자신을 넘어 하나님에게 이르며, 사랑을 통해 하나님에게서 자신을 낮추어 다시금 이웃에게 이른다. 그는 항상 하나님과 그의 사랑 가운데 머문다. 보라, 이것이 참된 영적인 그리스도인의 자유이다.9)

위기를 넘어서

루터의 종교개혁이 물론 순탄하게 진행된 것은 아니었다. 루터는 무수한 적들과 싸워야 했다. 당장 눈앞에 있는 거대한 로마 가톨릭 교회가 가장 강력한 외부의 적이었다면, 영혼의 시련과 내면의 불안과 갈등은 가장 은밀한 내부의 적이었다. 이에 더하여 루터를 더욱 고통스럽게 만든 것은 처음 종교개혁의 동지였던 사람이 자신의 적대자로 등장한 것이다. 특별히 1524~1525년은 루터 개인뿐만 아니라 종교개혁의 전개 과정에서 가장 위기의 해였다. 복음적이며 질서 있는 개혁을 추구하였던 루터에게 적대자들은 보다 급진적이고 과격한 개혁을 요구하였다. 이것은 자칫 자신의 종교개혁을 지지하고 있는 몇 명 되지 않는 제후들마저 개혁에 등을 돌릴 수 있게 만드는 위험한 행동이었고, 적 앞에서 자중지란(自中之亂)을 일으켜 이제까지 어렵사리 이룩한 종교개혁의 성과마저 물거품으로 만들 수도 있었다. 루터는 절규하였다. "악마가 이 개혁의 불을 꺼 버리기 위해서 얼마나 많은 사람들을 통해 나를 공격했고 또 얼마나 나를 갈기갈기 찢고 집어삼키고 파괴하려 했는가를 세계는 알아야 합니다." 루터는 풍전등화 같은 위기에 처한 종교개혁을 구하기 위하여 결단하지 않을 수 없었다.

바르트부르크 성에서

1521년 5월 4일부터 1522년 3월 3일까지 루터는 아이제나흐 근처의 바르트부르크 성에 숨어 지냈다. 그는 머리와 턱수염을 기르고 기사복을 입은 채 융커 외르크(Junker Jörg)라는 이름으로 행세하였다. 이곳은 루터의 '밧모섬'[10]이었다. 그는 이곳에서 수개월 동안의 변비로 극심한 육체적인 고통을 겪었다. 게다가 영혼을 약하게 만들고 타협하도록 유혹하는 내부의 적이 끊임없이 그를 괴롭혔다. 그는 이러한 신앙의 시련을 기도와 글쓰기로 이겨나갔다. 이 시기에 루터가 자신의 과거를 결산하면서 쓴 책이 「수도사 서원론」이다. 그는 '가난, 순결 그리고 복종'이라는 수도사 서원은 그리스도의 자유와 모순된다고 주장하였다. 그는 1521년 11월 40명의 아우구스티누스 은둔 수도회 회원 중 15명이 비텐베르크 수도원을 떠났다는 소식을 들었다. 루터는 선제후의 비서인 스팔라틴에게

"나는 이제 수도사 서원의 문제를 다루고 젊은 사람들을 독신의 지옥에서 풀어 주기로 결심했다"는 서신을 보냈다. 같은 달에 그는 위의 책을 완성했다.

바르트부르크 성에 있던 루터의 방, 루터는 이곳에서 성서를 번역했다

루터는 다시금 예수 그리스도 외에 어떤 일인자나 감독, 교황도 알지 못한다고 강조했다. 그리스도를 통해 그의 양심은 자유로워졌다. 그는 "그 때문에 나는 아직도 수도사이고 동시에 수도사가 아니다. 나는 교황이 아닌 예수 그리스도의 피조물이다"라고 말했다. 루터는 자아를 치유하고 이제는 복음과 능력으로 내적으로 극복한 수도사였고, 이 시기는 그 자신의 종교적인 정체성의 위기를 잘 극복한 영적인 유예기간이었다.

루터가 바르트부르크 성에서 처절한 내적 투쟁을 겪으며 이룩한 가장 위대한 작업은 신약성서를 독일어로 번역한 일이었다. 그가 짧은 시간에 번역을 마칠 수 있었던 것은 라틴어로 쓰인 불가타 성서를 외우다시피 잘 알고 있었기 때문이다. 그는 라틴어 성서의 오류를 바로잡기 위해 1519년에 나온 에라스뮈스의 헬라어 신약성서 두 번째 판을 사용하였다. 루터의 것보다 앞선 독일어 성서번역도 이미 있었다. 그러나 어떤 성서번역도 루터의 번역본만큼 그렇게 많은 호응을 얻지 못했다. 루터 번역이 성공한 중요한 이유는 독일의 다양한 방언이 하나의 통일된 성서언어로 함께 용해되었기 때문이다. 루터가 이러한 통일된 언어를 만든 것은 아니지만, 그의 신약성서 번역을 통해 그 확산이 가속화되었다.

비텐베르크로 돌아온 후 그는 멜란히톤 함께 자신의 독일어 번역성서를 한 번 더 면밀히 검토했다. 그 결과 1522년 소위 『9월 성서』가 발간되었다. 초판이 신속하게 매진되어 제2판인 『12월 성서』는 12월에 나왔다. 이것은 비텐베르크 대학 동료들과 협의하여 개정한 것이다. 신구약 합본의 독일어 역은 구약이 개별적으로 번역되어 나온 후 1534년에 완역되었다. 루터와 그의 동료들은 성서번역을 위해 언어학적인 정확성과 명료한 표현을 찾고자 하였다. 루터는 「통역자의 서신」이라는 글에서 "백성들의 입을 보고자 노력했다"고 하였다.

비텐베르크 소요(騷擾)

루터가 없는 비텐베르크에서는 이제 대학동료인 멜란히톤, 카를슈타트 그리고 아우구스티누스 은둔 수도회 동료들이 주동이 되어 구체적인 교회개혁을 단행하였다. 비텐베르크의 개혁이 과격한 양상을 띠게 된 것은 츠비카우 출신의 예언자들이 비텐베르크로 와서 자신들은 성령의 직접적인 지도를 받는다고 주장하면서부터다. 그들은 기록된 말씀인 성서를 경시하였을 뿐만 아니라 유아세례를 부인하였다. 이들에 영향을 받은 카를슈타트는 교회개혁을 더욱 과격하게 몰고 갔다. 그에게 동조하는 사람들은 직접 나서 1522년 2월 초 시 교회에서 대대적인 성상파괴를 감행하였다. 성상은 하나님의 말씀(출애굽기 20:4)이 금지하고 있다는 것이다. 선제후는 다시금 기존에 사용하던 모든 것을 그대로 둘 것을 요구했지만, 사제단 회의, 대학 그리고 시의회도 이들을 통제할 수 없었다. 결국 루터가 돌아와서 사태를 진정시켜 줄 것을 요청하였다.

다시 비텐베르크로 돌아온 루터는 공식적으로 1522년 3월 9일 사순절 첫 주일날부터 3월 16일 회상 주일까지 연속적인 설교를 통해 과격하며 열광주의적인 개혁을 비판하였다. 루터는 각자에게 신앙의 책임의식을 강조하고 개혁을 위한 시기가 무르익을 때까지 기다려 줄 것을 권고하였다. 루터는 우선 일종의 유예기간을 택했다. 주일의 미사는 시(市)교회에서 계속 진행되었고, 부활절 성찬은 기존의 방식대로 집행했다. 즉, 포도주 배찬은 하지 않으며, 미사복을 착용하고 라틴어로 미사를 진행하였다. 다만 희생제사의 의미를 담고 있는 미사곡의 내용을 복음에 맞게 일부 수정하였다. 비텐베르크에서는 우선 미사와 결합된 설교에 강조점을 두는 정화된 미사예배가 진행되었다. 그의 복음적인 독일어 미사는 1526년에 쓴 「독일미사」에서 이루어졌다. 비텐베르크 시의 소요는 일단 진정되었지만 앞으로 거세게 몰아닥칠 폭풍의 서곡에 불과하였다.

처음에는 루터 측에 가담하여 종교개혁에 협력했던 카를슈타트는 이제 "신앙은 연약한 자를 고려해야 한다"는 루터의 요구를 받아들일 수 없었다. 그는 잘못된 것을 재빨리 빼앗아 치우지 않으면 어린아이가 날카로운 칼을 가지고 놀도록 허용하는 것과 마찬가지라고 보았다. 그는 "우리는 연약한 자들에게서 그러한 해로운 것을 제거해야 하고 그들의 손에서 빼앗아야 한다. 그들이 그 때문에 울든지 소리를 지르든지, 아니면 욕설을 퍼붓든지 신경 쓰지 말아야 한다"고 주장했다. 이로 인해 동료였던 카를슈타트와 루터는 멀어지게 됐다. 비텐베르크 교회는 그에게 설교를 금지시켰고 그는 결국 비텐베르크를 떠나지 않을 수 없었다. 그는 성상파괴의 정당성과 상징과 기념으로서의 성만찬 이해를 옹호하며 루터에 대적하였다.

토마스 뮌처와 농민전쟁

혹자는 루터의 종교개혁을 '제후들에 의한 개혁'이라고 부르며 그 개혁의 보수성을 비판한다. 이는 토마스 뮌처와 농민전쟁에 대한 루터의 태도 때문이다. 그러나 우리는 루터가 처했던 그 당시의 상황을 고려하지 않으면 안 된다. 그는 종교개혁이 채 꽃을 피우기도 전에 싹부터 잘리는 상황을 용납할 수 없었다. 그는 로마 가톨릭이라는 거대한 적과 상대하기도 힘겨운 상황에서 자신에게 우호적인 제후들을 적으로 돌릴 수 없었다. 농민전쟁에 대한 루터의 입장으로 농민들과의 거리는 벌어지고 종교개혁이 제후들 중심으로 전개되어 갔지만, 그렇다고 종교개혁 운동이 대중성을 상실했다고 볼 수는 없다.

토마스 뮌처가 처음 루터를 만난 것은 1519년 7월 라이프 치히 토론이 진행될 당시였다. 루터의 추천으로 그는 1520년 5월 츠비카우의 성 마리아 교회 담당 사제일을 대행하였다. 그 후 그 지역의 수공업자, 광부 그리고 직조공으로 구성된 카타리 교회를 맡게 되었다. 그는 그곳의 츠비카우 예언자들의 신앙에 영향을 받아 직접적인 성령체험을 주장하면서 성서의 문자에 의존하는 인문주의를 열렬히 비판하게 되었다. 과격한 주장으로 인해 해임당한 후 그는 보헤미아의 프라하로 도망하였다. 1521년 11월 1일 소위 '프라하 선언'을 통해 추종자를 얻고자 노력하였다. 그는 여기에서 최초의 신비적이며 천년왕국적인 그의 사상을 표명하였다.

뮌처는 '차갑고, 죽은 문자'만을 제공하는 성직자들을 비판하였다. 뮌처의 눈에 그들은 "하나님의 말씀을 이웃의 입에서 훔친" 도둑이요 강도였다. 한편 양들은 "그들이 하나님의 살아 있는 음성을 들어야 한다는 것, 즉 모든 계시를 받아야 한다는 것"을 알지 못한다. 뮌처는 학자들과 성직자들 때문에 창녀가 되었다. 이제 하나님은 알곡과 쭉정이를 나누고 그 수확을 위해 자신을 세웠다. 교회는 우선 보헤미아에서 그리고 모든 나머지 지역에서 새로운 사도적인 교회가 되어야만 한다고 뮌처는 주장하였다. 그러나 「프라하 선언」은 보헤미아에서 기대했던 효과를 가져오지 못했다.

뮌처의 개혁사상은 그 당시 달아오르던 농민전쟁과 결합함으로써 힘을 받게 되었다. 그는 루터가 "믿어라, 믿어라, 강하고 강한 신앙을 확신하라"고 말함으로써 고난의 십자가를 지신 그리스도를 온전히 가르치는 것이 아니라 반쪽의 그리스도만을 가르친다고 비판하였다. 독일 남부 농민봉기를 통해 감명을 받은 뮌처는 점점 더 철저한 사회개혁자의 길에 들어섰다. 그는 불신앙적인 정부에 행동으로 맞설 뿐만 아니라, 기독교인의 삶을 천년왕국적인 빛에서 개혁하고자 하였다. 그사이 튀링겐의 농부들도 독일 남부의 농민봉기를 쫓아 봉기하였다. 뮌처는 자신의 추종자들에게 하나님의 종으로서 기드온의 칼로 경건치 못한 자들을 대적하라고 선동하였다. 남부 슈바르츠발트에 있는 슈틸링거 농민들의 봉기로 시작된 독일 농민전쟁은 이미 14세기와 15세기에 그 전례가 있었다. 그들은 노예제도의 폐지 및 고리대금과 중과세 그리고 불평등한 규제의 철폐를 주장하였다. 1524년에 일어난 농민전쟁의 새로운 점은 농민들이 제기한 요구의 내용이 아니라 그 근거였다. 그들은 자신들의 주장을 복음에 명시된 성서적인 권리로 보았다.

루터는 처음에 농민들이 처한 경제적, 법적인 어려움에 대하여 동정적이었다. 그는 「슈바벤 농민들의 12개 조항에 대한 평화에의 권고」라는 글을 통해 선제후와 영주들의 양심에 호소하고 농민들과 화해할 수 있는 방법을 찾도록 충고하였다. 다른 한편 농민들에게는 하나님의 정의를 잘못 이해하여 폭력과 소요를 일으키지 말 것을 경고하였다. 루터는 튀링겐 지역으로 가서 농민전쟁의 실상을 몸소 체험하였다. 이러한 경험이 그로 하여금 농민들의 폭력에 대해 강경한 입장을 표명하게 하였다. 그러한 루터의 입장은 1525년 5월에 출판된 「강도와 도적 같은 폭동에 반대하여」라는 글에 잘 나타나 있다.

루터는 농민들이 소요를 일으킴으로써 정부에 대한 복종의 의무를 손상시켰고, 강도와 도적질로 공공의 질서와 평화를 파괴했으며, 자신들의 요구를 정당화하고자 복음을 남용하여 하나님을 비방하는 죄를 범했다고 비난하였다. 루터는 공권력을 가진 정부가 농민들의 폭동에 대해 모든 수단을 다 동원하여 대응할 것을 요구하였다. 그는 "할 수 있는 자는 찌르고, 치고, 목을 조르라. 만약 죽는다면 복된 것이며, 더 복된 죽음을 너는 결코 다시 얻지 못하리라"라고 격분하였다. 튀링겐의 농부들의 폭동에 대해 흥분하고 정부의 미온적인 태도에 확신을 심어주기 위한 것이었다고 하더라도 이러한 루터의 태도가 지나친 반응이었음에는 틀림없다. 루터는 농민들이 요구하는 경제적·법적인 요구가 기독교인의 자유와 혼동되는 것을 경계하였다. 그는 국가의 외적인 질서와 평화를 유지하는 것을 사명으로 하는 세속정부가 자신이 가진 통치 수단인 검과 법으로 이를 수행하는 것을 정당한 것으로 보았다. 뮌처는 결국 뮐하우젠 근처의 프랑켄하우젠에서 벌어진 전투에서 패하여 동료들과 함께 처형당했다.

인간 사회의 질서유지 기능을 담당하는 제도의 필요성에 대한 루터의 긍정적인 입장은 1525년 6월 13일 수녀원으로부터 탈출한 전직 수녀 카타리나 폰 보라(1499~1552)와의 결혼에서도 극적으로 드러난다. 루터는 혼인제도를 확인하고 마귀

와 폭동으로 불안에 빠진 세상에 하나님의 창조사역에 대한
자신의 신뢰를 보여주고자 한 것이다.

루터와 에라스뮈스의 결별

대표적인 인문주의자 로테르담의
에라스뮈스(1469~1536)

　　　루터의 종교개혁은 에라스뮈스
로 대변되는 인문주의의 전제 없이
는 시작될 수 없었을 것이다. 실제
로 에어푸르트 대학 시절, 루터는
성서인문주의를 통해 성서해석의 주
요한 방법들을 배웠다. 루터의 독일
어 성서번역 역시 에라스뮈스의『헬
라어 신약성서』제2판을 사용하였
다. 종교개혁 초기에 루터와 에라스뮈스는 서로 호감을 가졌
지만, 시간이 흐름에 따라 두 사람 사이에는 틈이 벌어지기 시
작하였다. 루터는 다음과 같이 말했다: "에라스뮈스를 생각할
때마다 나는 기쁨을 잃어가고 있다.(중략) 그에게는 인간적인
것이 신적인 것보다 훨씬 더 큰 비중을 차지하고 있다.(중략)
사람의 능력에서 많은 것을 기대한다면, 그것은 오직 은총만
을 아는 태도와는 다른 것이다."

　　에라스뮈스 역시 루터의 극단적인 태도에 실망하게 되었다.
1520년에 루터가「교회의 바벨론 포로」에서 가톨릭 교회의
성례전을 격렬하게 비판하고 비텐베르크 엘스터 문 앞에서 교

황의 파문위협교서와 교회법을 소각할 때 그의 실망감은 더욱 증대되었다. 두 사람이 결정적으로 갈라서게 된 것은 인간의 자유의지에 대한 입장의 차이 때문이었다. 에라스뮈스는 이 문제를 핵심으로 루터와 논쟁을 시작했고 1524년 9월 초 「자유의지론」을 출판하였다. 그는 구원의 문제에서 의지의 부자유를 주장하는 루터의 확정적인 단언에 반대하여 신학적인 인간론을 학문적으로 접근하고자 하였다.

그는 성서에서 자유의지를 긍정하는 구절과 부정하는 구절을 언급하면서 성서는 자유의지와 예정에 관한 어떠한 명확한 답을 주지 않는다고 보았다. 또한 예정은 인간의 이성으로 파악할 수 없는 영역으로 인정하였다. 그는 자유의지를 "인간이 구원으로 이끄는 그 무엇에게로 자신을 향하게 할 수도 있고, 멀어지게 할 수도 있는 인간의 의지의 능력으로 이해"하였다. 그에 따르면 인간은 은총과 그 은총을 통해 얻게 된 자유의지와의 협력으로 구원을 얻는 것이다.

루터는 1525년 가을에야 「노예의지론」으로 에라스뮈스의 글에 답했다. 루터는 성서에 모호하고 난해한 구절이 있음을 인정하였다. 그러나 그는 성서의 본래 내용이 명백함에도 불구하고 몇 개의 모호한 구절이나 낱말 때문에 성서가 모호하다고 말하는 것은 잘못된 것이라고 보았다. 그는 성서에서 구원에 관한 문제에서는 명백하게 인간은 아무것도 할 수 없으며 노예의지를 갖고 있음을 밝혀주고 있다고 주장하였다. 그렇다고 그가 세상일과 관련된 외적인 일에서 선택의 자유를 가졌음을 부인하는 것은 아니다.

　루터는 의지를 영적인 성질을 가진 것으로 보았다. 의지는 죄에서 은총으로, 마귀에서 하나님께로 통치권의 변화를 그 자체로 실행하지 못하기 때문에 부자유하다는 것이다. 루터는 말 한다. "인간의 의지는 짐을 끄는 짐승처럼 중간에 서 있다. 만약 하나님이 그 위에 올라타면 하나님이 원하는 곳으로 갈 것이고, 만약 사탄이 그 위에 올라타면 사탄이 가고자 하는 곳으로 갈 것이다." 루터는 자유의지는 엄격한 의미에서 완전히 신적인 이름이며 하나님의 권위에만 적용할 수 있다고 보았다. 인간의 편에서 보면 아무리 은총하에 있다고 하더라도 '노예의지'만을 말할 수 있을 뿐이다. 루터와 에라스뮈스는 이 논쟁을 통해 입장의 차이를 극복하지 못하고 결국 결별하게 되었다.

또 다른 전선, 스위스 종교개혁

루터는 1524년부터 그의 말년까지 종교개혁 진영의 내부에서 일어난 성만찬 논쟁에 처해 있었는데, 그 논쟁의 중심에는 스위스 취리히의 종교개혁자 츠빙글리가 자리하고 있었다. 이 성만찬 논쟁은 한 시점의 논쟁으로 끝난 것이 아니라 전 종교개혁과정의 중심 주제였다. 루터의 영향하에 있던 몇몇 남서부 독일도시는 츠빙글리의 등장 이후 그의 영향권으로 흡수될 위험에 처하게 되었다. 이로써 루터는 로마 가톨릭과 또 다른 종교개혁 세력과의 양 전선에 마주 서게 되었다. 아주 복잡한 양상으로 전개되었던 성만찬 논쟁의 결과 루터는 독일 남서부 지역을 자신의 편으로 이끌 수 있었다. 하지만 스위스 종교개혁은 최종적으로 루터에게서 분리되어 독자적인 개혁 교회로 나아갔다. 이것은 막강한 로마 가톨릭 세력의 위협하에서 생존의 위기에 처해 있던 개신교 진영에게 치명적인 것이었다. 그 이후 루터교회와 개혁교회의 관계는 공동의 적인 로마 가톨릭과의 갈등·대립 못지않게 적대적인 양상으로 전개되었다.

츠빙글리의 등장

마르틴 루터가 수도사로서 종교개혁적 인식에 도달한 반면, 스위스의 훌드리히 츠빙글리(Huldrych Zwingli)[11]는 인문주의 학자로서 그러한 인식에 도달하였다. 츠빙글리는 에라스뮈스의 개혁적인 설교와 교회 오용에 대한 비판에 동조하였고, 스스로를 에라스뮈스주의자로 여겼다. 그는 1518년 12월 취리히의 그로스뮌스터 성당의 사제가 되었다. 그는 심한 병을 앓고 난 후 인생의 허무함과 무능함을 절실히 깨달았고, 죄와 칭의에 대한 아우구스티누스의 사상과 성서를 집중 연구함으로써 점점 에라스뮈스적인 사상에서 멀어지게 되었다.

츠빙글리는 독자적인 개혁자로 등장하기 전에 루터의 개혁 사상이 대중에게 큰 영향을 미치고 있음을 잘 알고 있었다. 최근의 연구자들은 츠빙글리가 어느 정도 루터의 영향을 받았음을 부인하지는 않지만 그가 독자적인 방법으로 종교개혁에 이르렀음을 강조한다. 그는 취리히 교회개혁을 주도하였다. 그는 성화사용을 금지하고, 미사를 희생제사로 보는 것은 성서와 모순된다고 보았다. 왜냐하면 그리스도가 십자가에 달리심으로써 단 한 번으로 영원히 우리를 위한 희생제물이 되셨기 때문이다. 그는 사제들의 결혼을 용인하였고, 기도행진, 의전행렬 그리고 순례를 폐지하였다.

홀드리히 츠빙글리(1484~1531)

츠빙글리는 1524년 9월에 쓴 『참종교와 거짓종교에 관한 주석』을 프랑스의 프랑수아 1세에게 헌정했다. 그는 이 책이 소르본대학 신학자들에 의해 검토되기를 기대하였다. 그는 이 책에서 교황을 죄에 굴복한 인간으로서 적그리스도라고 비판하였다. 츠빙글리는 루터처럼 세속정부가 이것을 바로잡아야 한다고 생각했다. 그는 자신에게 인문주의적인 영향을 끼쳤던 에라스뮈스를 교회의 위계구조의 권력을 과감하게 끊지 못한 낙오한 선각자로 보았다. 인간은 오직 그리스도의 의에 의해 의롭다고 여김을 받는 것임을 주장하는 칭의론(稱義論)에서, 그는 루터와 마찬가지로 에라스뮈스적인 자유의지 옹호를 단호하게 거부하였다. 루터와 츠빙글리가 결정적으로 갈라지고 적대적인 관계가 된 것은 성만찬을 둘러싼 입장의 차이 때문이었다.

빵과 포도주, 성만찬 논쟁의 의미

일상적인 식탁에 올라오는 빵과 포도주는 말 그대로 우리가 먹고 마시는 빵과 포도주일 따름이다. 그러나 이것이 교회에서 거행되는 성만찬에서는 단순한 빵과 포도주가 아니라 그리스도의 거룩한 몸과 피와 관련이 있다. 가톨릭은 축성(祝聖)된 빵과 포도주는 본체상 그리스도의 몸과 피로 변한다는 화체설(化體說)의 입장을 취한 반면, 루터는 빵과 포도주는 그대로 있으면서 부활하신 그리스도의 몸이 그곳에 함께 있다는 소위 공재설(共在說)을 주장하였다. 츠빙글리 역시 가톨릭의 화체설을 거부할 뿐 아니라 루터의 공재설도 가톨릭적인 잔재라고 비판하였다.

츠빙글리는 1524년 후반기에 "이것은 내 몸이다"(hoc est corpus meum)라는 예수의 말씀을 홀란트 출신인 호엔의 논문을 인용하여 '-이다'(est)를 '상징하다'(significat)로 해석하였다. 성만찬에서 빵은 실제로 그리스도의 몸이 아니라 몸을 상징하는 것일 뿐이다. 그는 요한복음 6:63에서 보듯이 이것은 영적인 성격을 지녔다고 확신하였으므로, 루터가 주장하듯이 그리스도가 성찬 속에 실재적으로 임하는 것은 아니라고 보았다. 루터에게 이것은 그리스도의 인성과 신성의 신비한 결합을 이성으로 부정하는 위험한 일이었다. 그는 기독교 신앙의 근거는 이성이 아니라 말씀이며 이것이 부정될 때 기독교 신앙은 무너진다고 보았던 것이다. 따라서 루터는 가톨릭교회의 입장보다도 츠빙글리의 입장이 훨씬 더 위험하다고 보았다.

루터와 츠빙글리와의 성만찬 논쟁은 츠빙글리가 1525년 로이틀링겐의 개혁자요 설교자인 마테우스 알버에게 편지를 썼을 때 시작되었다. 알버는 로이틀링겐의 개혁을 위해 제국정부와 영주인 페르디난트에게 용감하게 저항하여 유명해졌고, 루터를 옹호하여 츠빙글리의 논쟁 상대자로 자청하고 나섰다. 그러나 사실 츠빙글리는 루터가 목표였지만 아직 직접적으로 공격할 수가 없었다. 카를슈타트와 이미 논쟁을 벌인 루터 역시 또다시 성만찬 논쟁을 벌이고 싶지 않았다. 그 때문에 슈바벤의 신학자들이 요하네스 브렌츠의 지휘하에 츠빙글리와 그의 추종자인 외콜람파트와 논쟁을 벌이는 것을 관망하였다. 브렌츠는 루터의 입장을 적극적으로 옹호하였다.

루터는 슈바벤 신학자들의 이러한 입장을 환영하며, 1526년 가을에는 관망하던 자세에서 벗어나 직접 논쟁 속에 뛰어들었다. 그는 「그리스도의 몸과 피의 성례전에 관한 설교, 열광주의 반박」이란 글을 통해 기존의 자신의 입장을 다시 한번 반복하였다. 이에 대해 츠빙글리는 「친절한 해석」이란 글을 통해 루터의 입장을 반박하였다. 그는 성서적으로도, 경험적으로도, 이성적으로도 '부활하여 하나님 우편에 앉아 계신 그리스도'가 성만찬에 실재로 임재한다는 것은 타당하지 않다고 주장하였다. 이에 대해 루터는 부활하신 그리스도는 특정한 장소에 매임이 없이 모든 곳에 편재(遍在)[12]하시는 분이며, 그리스도의 신성과 인성은 분리될 수 없다고 재차 반박하였다.

성만찬 논쟁은 결국 1529년 마르부르크 종교평화 회담으로 이어졌다. 이 회담은 헤센의 필립 공이 루터와 츠빙글리와 그들의 동료들을 초청하여 성사되었다. 이러한 회담이 열리기까지는 신학적인 이유뿐만이 아니라 정치적인 동기도 있었다.

1529년의 제국회의에서 가톨릭 지역 군주들이 프로테스탄트에 대항하고자 연합하였기 때문이다. 가톨릭 연합에 대응하여 프로테스탄트 선제후와 14개의 도시들이 연합하였다. 이들은 헤센의 필립 공의 뜻을 따라 스위스 지역도 포함하는 정치적인 동맹을 결성해야 했다. 이를 위해 먼저 신학적인 이견이 있는 성만찬 문제에 대한 일치가 필요하였다. 마르부르크에서 종교평화 회담은 정치적인 동맹 결성을 위해 신학적인 걸림돌을 제거하기 위한 사전 조치였던 것이다. 여기에서 작성된 마르부르크 조항은 다양한 해석의 가능성만 남긴 채 봉합된 것으로 결코 합의신조라고 부를 수 없다. 많은 공통점이 있음에도 불구하고 루터는 츠빙글리의 추종자들을 그리스도의 형제이자 한 몸으로 인정하기를 거부하였다.

마르부르크 종교회담이 있은 지 3개월이 지난 후, 마르틴 부처가 활약하던 슈트라스부르크는 취리히, 바젤 그리고 베른과 보호동맹을 체결하였다. 루터는 이러한 동맹 결성을 신성로마제국으로부터 이탈한 행위로 보았고, 결국 츠빙글리의 추종자들이란 반란세력에 불과하다는 자신의 심증을 확인시킨 것으로 보았다. 1531년 10월 스위스에서 벌어진 제2차 카펠전쟁(Kappeler Krieg)에서 츠빙글리와 외콜람파트가 죽자, 루터는 토마스 뮌처에게 내렸던 하나님의 심판이 그들에게 임했다고 믿었다. 그러나 츠빙글리의 종교개혁은 스위스 북부와 서부로 점점 확대되었다. 그의 사망 후 1536년 후계자인 하인리히 불링거가에 의해 '스위스 개혁교회 첫 신앙고백'이 작성됨으로써 개혁은 더욱 공고해졌다.

재세례파와 영성주의자들

16세기 재세례운동은 츠빙글리가 이끈 취리히 종교개혁에 반대하는 급진주의적 경향에서 발생했으나, 전적으로 취리히 적인 토양에서만 발생한 것은 아니다. 최근의 연구결과에 따르면 재세례파운동은 하나가 아닌 여러 개의 뿌리에 그 기원을 두고 있다.

츠빙글리는 세례에 대한 이해에서 콘라트 그레벨과 펠릭스 만츠를 중심으로 한 급진적인 개혁파와 대립했다. 논쟁의 핵심은 재세례 문제였다. 재세례파는 형식적이고 관습화된 유아세례를 거부하며, 참된 세례는 자신의 주체적인 신앙고백이 있는 성인세례이고, 물로 베푸는 세례가 아닌 성령 세례라고 주장하였다. 1525년 1월 21일 촐리콘 교회에서 최초의 성인세례가 베풀어졌다. 이들은 반교권주의가 특징인 초대교회 성도들의 자발적인 모임을 참된 교회의 모형으로 이해하고 시(市)와 교회의 분리를 강력하게 주장하였다. 반면에 츠빙글리는 판단능력이 없는 유아라 할지라도 할례의 표시를 통해 하나님의 계약 안에 수용되었다는 구약성서의 계약사상으로 유아세례가 타당하다고 보았다. 그리고 그는 시민과 교인을 동일시하였으며 교회와 시와의 긴밀한 관계를 주장하였다. 츠빙글리는 무엇보다 유아세례는 어린이들에게 기독교적인 삶의 의무를 부여하고 부모에게는 기독교적으로 양육할 책임을 준다는 점에서 중요하게 생각하였다.

급진개혁파들은 1527년 2월 24일 슈바르츠발트에 있는 성 베드로 수도원의 수도원장이었던 미하엘 자틀러의 주도하에 독일 남부 슈라이트하임에서 재세례파의 신앙강령인 「슈라이트하임 조항」을 작성하였다. 여기에서 재세례파는 유아세례를 반대하면서 세례는 참회와 삶의 변화를 경험하고 그리스도에 의해 죄가 제거되었다고 진심으로 믿는 사람에게 베풀어져야 함을 명백히 하였다. 그리고 세속의 통치는 육을 따르는 행위이므로 그리스도인이 공직자가 되는 것은 어울리지 않는다고 선언하였다. 이로 인해 미하엘 자틀러는 이단혐의로 기소되어 처형되었다.

루터는 재세례파운동과 그들의 신학이 독일 내에 퍼지는 것을 우려하였다. 유아세례는 그것이 하나님의 말씀에 근거를 두고 있기 때문에 시행하는 것이지, 세례를 받는 사람의 신앙 때문이 아니라고 루터는 보았다. 그에게 있어 세례는 하나님의 말씀과 분리되지 않는 것이고, 세례는 말씀에서 객관성과 확실성이 보장되는 것이었다.

1530년 아우구스부르크 제국회의에서 이단으로 규정됨으로써 재세례파는 탄압과 박해를 받게 되었다. 네덜란드와 독일 북부의 재세례파는 멜키오르 호프만의 영향으로 독특한 형태를 띠었다. 그는 슈바벤-할에서 태어난 모피 재봉사로 루터의 추종자였다. 그는 점차 묵시적인 열광주의에 빠져들게 되었고 마침내 1529년 슈트라스부르크에서 재세례파가 되었다. 그는 자신을 요한계시록 11:3에 나타난 마지막 때의 증인으로 행세하며 세상의 종말을 예언하였다. 그는 그곳에서 추방되어 동 프리즐란트(Ostfriesland: 저지 작센의 북서지방)와 네덜란드로 가서 재세례파운동을 확산시켰다. 그의 영향으로 1535년 뮌스터에서는 폭력과 광기를 동반한 재세례파 왕국 운동이 전개되었다. 파국적인 혼란을 겪은 후 재세례파는 메노 시몬스에 의해 수정·순화되어 '메노나이트'란 이름으로 거듭났다. 그 후 이들은 18세기에 아메리카로 대규모로 이동하여 비교적 소규모이긴 하지만 오늘날 미국에서 활발한 교단 중의 하나가 되었다.

영성주의자들은 개인적인 성령체험을 목적으로 삼고 성령의 직접적인 계시를 주장하기에 외적인 은총의 수단인 말씀과 성례전을 통한 성령의 역사(役事)를 부정한다. 종교개혁 시 가장 유명한 영성주의자는 카스파 폰 슈벵크펠트와 세바스찬 프랑크로, 이들은 처음에 종교개혁 진영에 속해 있었다. 그러나 점차 종교개혁자들이 성령의 직접적인 계시와 내면성의 원칙을 배반하였다고 비판하며 곧 독자적인 행보를 걷게 되었다. 그들은 외적인 도구인 교회는 하나님께서 단지 임시적이며 교육적인 의도로 만드신 것으로, 어느 정도 성장한 그리스도인들에게는 성령을 통해 직접 일하신다고 주장하였다. 그들은 이제 외적인 말씀이자 '종이 교황'인 성서가 필요 없다고 호언하였다. 루터와 츠빙글리 모두 이들에 대항하여 그리스도의 자기 현존 장소인 말씀과 성례전을 지키고자 노력하였다.

종교개혁과 정치

보름스 제국회의의 칙령을 관철시킬 수 없게 되자, 모든 제후들은 다음 공의회가 열릴 때까지 각자 하나님과 황제의 권위를 유지하는 한에서 각자의 입장에 따라 행동할 것을 합의하였다. 그러나 격동의 해인 1524~1525년 이전까지만 해도 아주 제한된 범위에서만 '복음적인' 군주나 도시들이 존재할 뿐이었다. 모든 통치자들에게 일체의 종교개혁을 억압할 것인가, 아니면 종교개혁을 공식적으로 인정하여 '복음적인' 교회를 승인할 것인가에 대한 입장 표명을 분명히 할 것을 강요한 것은 농민전쟁이었다. 다른 한편 농민전쟁은 종교개혁자들에게도 종교개혁의 분명한 기준과 근거를 요청하였을 뿐만 아니라 교회의 제도적인 확립을 불가피하게 하였다. 종교개혁은 이제 더 이상 자발적이고 자유로운 종교운동이 될 수 없었고, 많은 도시에서 시의회의 결정에 의해 때로 강압적으로 이루어졌다. 제후들의 영지에서도 주교들의 임무를 넘겨받은 제후들의 주도로 종교개혁이 이루어졌다. 여기에서 기독교인 제후들의 정치적인 역할이 중요해졌다.

'프로테스탄트'와 제후들의 종교개혁

1526년의 제1차 슈파이어 제국회의에 있어서 결정적인 변수가 된 것은 교황의 주도로 결성된 반 합스부르크 동맹이었다. 교황은 정치적인 이유로 종교개혁을 적극적으로 저지할 형편이 못되었고, 따라서 제국회의는 보름스 칙령의 실행을 유보하고 현 상태를 인정하는 것으로 합의하였다. 그러나 1529년에 열린 제2차 슈파이어 제국회의에서 제1차 슈파이어 제국회의의 결정을 철폐하고 보름스 칙령의 실행을 강력하게 요구하였다.

전체 제국의회 회원 400명 가운데 종교개혁을 지지하는 제후는 불과 19명에 불과하였다. 가톨릭을 지지하는 제후들이 강제적으로 법안을 통과시키려하자 개신교 제후들은 이에 강력하게 '항의'(protest)하였다. 이 행위는 법률적인 의미에서의 '항의'를 뜻하기도 하지만, 분명하고도 공개적으로 종교개혁적인 신앙을 고백하는 행동이었다. 루터가 보름스에서 혼자 대변했던 양심과 신앙의 자유를 이제 19명의 제후들이 주장한 것이었는데, 이들 제후들에게 붙여진 이름이 바로 '프로테스탄트'이다. 이들은 종교적인 영역에서 다수결의 횡포를 용납하지 않는 혁명적인 행위를 한 사람들이었다. 이로써 제국 내에서 종파적인 분열은 명백해졌다.

제국의회의 결정에 대한 저항으로 프로테스탄트들이 정치적인 동맹결성을 시도하였을 때, 카를 5세는 가능한 빨리 종교분쟁을 종식시킬 필요를 느꼈다. 카를 5세에겐 제국 동부에서 점증하는 터키의 위협을 몰아내기 위해 제국이 단합하는 일이 급선무였다. 1529년 9월 말에 터키 군대는 이미 제국의 수도인 빈 문턱까지 진군했다가 10월에 퇴각하였고, 헝가리와 오스트리아는 위기에 휩싸였다. 이러한 위협에 효과적으로 대처하기 위하여 카를 5세는 제국의 일치와 제후들의 재정적인 지원이 필요하였다. 이런 배경하에서 1530년 1월 21일 아우구스부르크에서 제국회의가 소집되었다.

「아우구스부르크 신조」

1530년 4월 3일 아우구스부르크에서 작센의 신학자들은 작센 선제후와 함께 모였다. 루터는 제국으로부터 추방을 받은 상태이기 때문에 이 회의에 참석하지 못했다. 그는 작센 선제후령의 남쪽 경계선 지역에 있는 코부르크 성에서 이 회의의 진행을 지켜볼 수밖에 없었다. 대표로 선제후령 작센의 신앙고백 문서를 작성하게 된 것은 멜란히톤이었는데, 이 문서는 이전에 발표된 신앙고백문을 기초로 하여 작성되었다. 이 신조문 초안이 6월 초에 코부르크 성에 있는 루터에게 전달되었다. 루터는 멜란히톤에 의해 작성된 신조가 너무 평화적이라는 것을 인정하면서도 수용하였다. 멜란히톤은 신조문 안에서 교황의 수위권과 연옥의 문제를 분명하게 비판하지 않았다.

1530년 6월 23일 「아우구스부르크의 신조」는 서문과 성찬론에 대한 약간의 수정을 한 후 대부분의 프로테스탄트 제후들로부터 서명을 얻었다. 이 신조는 성찬론에서 여전히 루터의 입장에서 기술되었다. 이에 대해 헤센의 필립 공이 항의하였으나, 그 역시 이 신조에 서명하였다. 이로써 멜란히톤의 아우구스부르크 신조문은 작센의 신조를 넘어서 프로테스탄트들의 신조가 되었다. 그러나 제국 내 모든 프로테스탄트 세력이 서명한 것은 아니었다. 마르틴 부처와 카피토의 주도로 남부 4개 도시(슈트라스부르크, 콘스탄츠, 린다우, 메밍겐)는 소위 「4개 도시 신앙고백서」를 따로 제출하였다. 이 고백서는 아우구스부르크 신조와 같은 맥락을 유지하면서도 자신들의 성찬론을 첨가한 것이었다. 또한 츠빙글리 역시 스위스 개혁파 성찬론이 포함된 「카를 황제에게 드리는 이성적인 신앙」이란 신앙고백서를 따로 제출하였다.

「아우구스부르크 신조」는 1530년 6월 26일 오후 3시에 팔라이스 주교관에서 작센의 공무서관 바이어에 의해 독일어판으로 낭독되었고, 뒤이어 카를 5세와 제국의 모든 제후 및 귀족의원이 참석한 가운데 라틴어 판으로 통역되었다. 신조가 공포된 이후 카를 5세와 교황의 사절 그리고 가톨릭 제후들은 20명의 전문학자들과 함께 반박위원회를 구성하였는데, 이러한 논의의 결과로 나온 것이 「아우구스부르크 신앙고백 반박」이다. 이에 대해 멜란히톤은 다시 「아우구스부르크 신조 변명」을 만들어 1531년 4월에 라틴어로 출판하였다. 이것은 칭의론에 근거한 루터파의 신조를 재확인한 것이었다.

「아우구스부르크 신조」가 많은 개신교 제후들의 신조로 승인되긴 했지만, 위에서 본 바대로 독일 남부 지역의 몇몇 도시들은 이 신조를 받아들이지 않았다. 몇 년 후 멜란히톤은 이 신조를 개방하는 작업을 수행하였다. 이것은 1536년 슈트라스부르크의 종교개혁가 마르틴 부처의 중재로 비텐베르크에서 루터파와 슈트라스부르크 신학자들 사이에 성만찬문제에 대한 합의가 이루어졌기 때문이다. 1540년 멜란히톤은 「아우구스부르크 신조 개정판」을 내놓았다. 여기서 그는 성만찬론에 관하여 「비텐베르크 합의신조」를 고려하였다. 그는 성찬의 수용보다는 성찬 요소에 임하는 그리스도의 실재에 의존하는 「아우구스부르크 신조」의 구절을 삭제해 버렸다. 그 결과 "그리스도의 몸과 피가 참으로 거기에 있다"라는 구절이 "주의 만찬에서 빵과 포도주와 함께 그리스도의 살과 피가 주의 만찬에 참여하는 자들에게 참으로 제공된다"로 대체되었다. 루터 사후 16세기 후반에 루터교 내부에서 순수 루터파와 멜란히톤을 따르는 필립파 사이에 생긴 분열도 바로 「아우구스부르크 신조」를 따르느냐, 아니면 「아우구스부르크 신조 개정판」을 따르느냐가 그 원인이 되었다. 그러나 결국 루터파 내에서는 1530년의 「아우구스부르크 신조」와 1531년의 「아우구스부르크 변명」이 최종 승리를 거두어 1580년에 「일치예식서」에 채택되게 되었다.

슈말칼덴 전쟁과 타협안

1529년 4월 22일 슈파이어 제국회의가 끝나자마자 개신교 제후들은 보름스 칙령을 더 강력하게 관철시킬 것을 결의한 가톨릭 제후들의 공격에 대응하기 위하여 비밀동맹을 결성하고자 하였다. 1530년의 아우구스부르크 제국회의의 결말이 좋지 않게 끝나자 더 확고한 방어동맹이 필요하게 되었다. 프로테스탄트 제후들은 작센과 헤센의 경계지역인 슈말칼덴에 모여 공식적으로 프로테스탄트 방어동맹을 결성하였다.

카를 5세는 독일제국 내의 통치권 강화를 위하여 1531년 자기 동생 페르디난트를 왕으로 세우려고 하였지만 슈말칼덴 동맹은 이를 거부하였다. 왕 선출이 유보됨에 따라서 영국뿐만 아니라 가톨릭 지역인 바이에른과 프랑스도 슈말칼덴 동맹에 호의적이 되었다. 이러한 국제 정세를 인식한 카를 5세는 종교평화의 필요성을 느꼈다. 더구나 동쪽에서 밀고 오는 터키에 대항하기 위해서는 제후들의 도움이 절실했다. 그래서 황제는 1532년 7월 23일 '뉘른베르크 유예'를 선포하였다. 카를 5세는 결국 슈말칼덴 동맹을 인정하였고, 공의회가 열릴 때까지 모든 종교문제에 대한 판결을 중지할 것과 종교문제에 관련된 모든 무력행위를 금지하였다. 그해 말 황제는 이탈리아와 스페인 경영에 헌신하기 위하여 독일제국을 떠났다. 1541년이 되어서야 황제는 레겐스부르크 종교화의(和議)와 제국회의에 참석하기 위해 독일로 돌아왔다. 그사이 공의회를 소집하려는 시도들은 여러 번 있었으나 결국 이루어지지 못했다. 또한 하게나우와 보름스에서 구교와 프로테스탄트 간의 종교적 이해와 화의를 위한 회의를 개최하였지만 여전한 의견의 차이로 성공하지 못하였다.

여러 차례의 종교화의가 결렬된 후 카를 5세는 종교문제의 무력해결을 생각했다. 그를 위해서는 자신의 대적자인 슈말칼덴 동맹을 약화시킬 정치적인 수단이 필요하였다. 이런 상황 속에 호재로 떠오른 것이 헤센의 필립 공이 비밀리에 행한 이중 결혼의 문제로, 그것은 제국법에 따라 사형을 명할 수도 있는 성질의 문제였다. 황제의 호감을 사기 위하여 필립 공은 율리히 클레베 공작이 슈말칼덴 동맹에 들어가는 것과 슈말칼덴 동맹과 프랑스, 영국이 연계되는 것을 막아야만 했다. 카를 5세는 전쟁을 준비할 시간이 필요했다. 그는 개신교도들에게 기대를 갖도록 꾸몄고, 1546년 레겐스부르크에 새로운 종교화의를 승인하는 시늉을 하였다.

황제는 1546년 6월 19일 작센의 모리츠를 자기편으로 끌어들이는 데 성공하였다. 황제는 그에게 전쟁에서 승리할 경우 작센 선제후의 지위와 마그데부르크, 할버슈타트 주교좌의 보호 영주지위를 보장하였다. 마침내 1547년 4월 24일 카를 5세는 작센 선제후를 엘베 강의 뮐렌베르크에서 격파하였다. 선제후 요한 프리드리히는 포로가 되었고 이단과 황제불복종으로 정죄되었다. 헤센의 필립 공도 할레에서 황제의 포로가 되었다. 이것으로 제국 내의 프로테스탄트 세력은 몰락하는 것처럼 보였다. 그러나 황제는 전쟁의 승리를 통해서도 이미 확산된 종교개혁의 성과를 제거할 수 없었다. 그는 결국 트리엔트 공의회를 교황중심의 공의회라고 여겨 거부한 개신교도들을 공의회에 강제로 참여시킬 수가 없었다. 그 결과 그는 소위 '아우구스부르크 잠정안'을 발표하였다. 이 문서는 개신교도들에게 다음 공의회가 열릴 때까지 평신도들에게 잔을 주는 것과 성직자가 결혼하는 것을 허락하고, 그 외에는 대부분 가톨릭의 교리와 관례를 따르게 하였다.

아우구스부르크 종교평화

개신교도들은 이 잠정안에 반대하였다. 그리고 카를 5세에 대한 저항을 강화시켜 나갔다. 황제가 슈말칼덴 전쟁에서 승리하는 데 결정적인 역할을 했던 작센의 모리츠 역시 황제 카를 5세에게 실망하였다. 비록 그는 선제후의 지위는 얻었지만 작센 선제후령 전체를 차지하지는 못하였다. 그뿐 아니라 마그데부르크와 할버슈타트 주교좌에 대한 보호영주권도 받지 못했다. 그는 장인인 헤센의 필립 공을 석방해달라고 황제에게 요청했으나 묵살당했다. 다른 한편 모리츠는 슈말칼덴 전쟁에서 취한 반개신교적인 태도 때문에 대부분이 루터교도들인 자신의 신하들과 백성으로부터 '마이센(작센의 수도)의 유다'라는 비난을 받았다.

1551년 3월 9일 합스부르크 왕가는 카를 5세의 뒤를 이어 페르디난트에게 독일 왕좌를 승계시키기로 결정하였다. 게다가 카를 5세의 아들 필립이 스페인의 상속자로서 페르디난트의 뒤를 잇기로 하였을 때, 독일 귀족들은 스페인 통치하에서 자신들이 처할 상황을 염려했다. 이러한 상황의 변화 가운데 모리츠는 황제를 배신하였다. 그는 인스부르크에서 황제를 체포하고자 하였으나 황제는 가까스로 도망쳤다. 이 일 후 황제는 헤센의 필립과 작센 선제후 요한 프리드리히를 석방하지 않을 수 없었다.

더 이상 군사적으로 자신의 뜻을 관철시킬 수 없음을 절감한 양측은 마침내 1555년 9월 25일 '아우구스부르크 평화조약'을 체결하였다. 이 평화안은 제후들이 자유로운 선택에 의하여 종교문제를 해결할 수 있게 하였다. 그 결과 "한 사람의 통치자가 있는 그곳에 하나의 종교가 있다"(ubi unius dominus, ibi una sit religio)라고 선언되었다(이것은 후에 "그(제후)의 지역이 곧 그의 종교"(cuius regio, eius religio)라는 말로 대체되었다). 자기 영토의 통치자와 다른 종교를 가지려는 사람에겐 자기 재산을 팔고 떠날 수 있는 권한이 허용되었다. 종교개혁 측으로 넘어간 성직자들은 개인적인 직위와 재산을 상실하지만 그

영토는 지금까지의 종교를 그대로 유지하도록 하였다. 제국도 시들의 경우에는 신교와 구교가 공존하는 가능성이 주어졌지만, 제국 직속 영토에 속한 제후들은 무조건 아우구스부르크 평화조약의 결정을 따라야 했다. 재세례파나 스위스 개혁교회도 제국 내의 합법적인 종교로 인정되지 않았다. '아우구스부르크 평화조약'은 다음과 같이 말하고 있다.

> 이로써 종교적인 분열에도 불구하고 이 땅에 평화가 지속적으로 정착되고 유지될 것이다. 신성로마제국 황제의 권위, 선제후와 제후들은 「아우구스부르크 신조」에 따르는 제국 제후들에게 무력행사를 해서는 안 된다. 또한 이 신조와 교회의식과 직제를 따르는 자들의 양심, 의식, 의지를 다른 방향으로 돌리도록 강요해서는 안 된다. 마찬가지로 이 신조를 따르는 귀족들은 구교에 속한 성직자나 세속적인 귀족들의 종교를 방해해서는 안 된다. 위에 언급한 두 종교에 속하지 않은 모든 다른 사람들은 이 평화조약의 대상이 아니라, 완전히 제외된다.

아우구스부르크 종교평화는 종교분쟁에서 제국의 권력을 중립화시켜야 한다는 의무감에서 나온 일종의 타협이었다. 이것은 무력을 사용해서라도 종교의 일치를 이루려던 꿈이 사라진 뒤, 이상적인 일치보다는 현실적인 평화를 택한 결과였다.

칼뱅과 제네바 종교개혁

루터교회의 확산이 거의 멈추어 가던 16세기 중반에 스위스 제네바를 중심으로 비텐베르크를 능가하는 새로운 종교개혁세력이 성장하고 있었다. 이 새로운 종교개혁 운동의 중심에는 프랑스 출신의 제2세대 종교개혁자 존 칼뱅13)이 있었다. 칼뱅주의적 개혁교회14)라는 이름으로 불리는 새로운 교회유형은 제네바라는 울타리를 벗어나 열렬한 기세로 서유럽의 대부분의 지역으로 퍼져나갔다. 그 결과 독일과 스칸디나비아 반도를 제외하고 칼뱅주의적 개혁교회는 서유럽의 지배적인 개신교 유형이 되어갔다. 루터교의 아성인 독일 내에도 칼뱅주의가 침투하여 '제2의 종교개혁 운동'으로 여겨지기도 하였다.

2세대 종교개혁자 칼뱅

 루터나 츠빙글리에 비해 한 세대 정도 후배인 칼뱅은 그들의 어깨를 딛고 위대한 종교개혁자가 될 수 있었다. 그는 프랑스 인문주의적인 기반에서 성장하였다. 그는 기독교 교부, 특별히 아우구스티누스 전문가로서 이 신학을 배경으로 인문주의와 논쟁하는 개신교 신학을 창출하였다. 그는 1509년 7월 10일에 프랑스 노용에서 출생하였다. 그의 아버지는 법률가로서 노용 대성당의 공증인이자 재정담당이었다. 1523년 칼뱅은 파리에서 콜레주 드 마르슈와 콜레주 드 몬테귀를 다녔고, 1528년 초에 인문학 석사가 되었다. 1528년 아버지의 희망에 따라 오를레앙과 부르주에서 법학을 공부하기 시작하였다. 그러나 아버지가 죽은 후 1531년 칼뱅은 다시 파리로 돌아왔고 1533년에 법학 박사 과정에 지원하였다. 동시에 그는 인문주의도 열심히 공부하여 자신의 첫 저작인『세네카의 관용론 주석』을 출판하였다.

존 칼뱅 (1509~1564)

 1533년 칼뱅의 친구인 파리대학 학장 니콜라스 코프는 "마음이 가난한 사람은 복이 있나니 천국이 저희의 것임이요"라는 마태복음 5장 3절을 중심으로 연설을 하였다. 그 내용은 에라스뮈스-루터적인 사상을 담고 있었으며 스콜라주의 신학을 비판하는 내용으로 가득 차 있었다. 이 문제로 칼뱅은 콥과 함께 파리를 떠나야 했는데, 이로 미루어 칼뱅이 그의 연설문을 초안하는 데 참여했을 것으로 추정된다. 그 후 칼뱅은 샤를 데스페빌이란 가명을 사용하였고, 인문주의자들과 만날 수 있는 프랑스 전역을 방랑하였다. 그런 와중에 칼뱅은 개신교도들과 접촉하기 위해 조심스럽게 파리에 나타나기도 하였다.

1534년 10월에 이단적인 내용의 전단이 왕의 침실까지 등장하자 개신교도들을 향한 심한 박해가 시작되었고, 칼뱅은 다시 파리를 떠나야만 했다. 그는 잠시 슈트라스부르크를 거쳐서 바젤에 정착하였다. 그는 여기에서 스위스의 종교개혁자 파렐, 비레, 불링거와 접촉하였다. 1536년, 그는 이곳에서『기독교 강요(綱要)』의 초판을 완성하였다.

자신의 새로운 종교개혁신학을 총체적으로 기술한 이 기념비적인 책은 구성형식에서 1529년 루터의「요리문답서」를 따르고 있다. 이 책은 우선 프랑스 내의 개신교를 위한 변증으로 쓰인 것이다. 프랑스 왕 프랑수아 1세에게 바친 헌사에서 나타난 바와 같이 개신교도는 뮌스터 왕국의 재세례파와 달리 그 어떤 정치적인 폭도가 아니라 충성스런 신하임을 주장하고 있다. 점차 이 책은 칼뱅주의적 개혁교회의 전범(典範)이 되었다. 칼뱅은 이 책을 통하여 한편으로는 가톨릭과 다른 한편으로는 급진적인 종교개혁주의와 논쟁하였다. 이 책은 그 문체가 분명하고 유려하여 16세기의 그 어떤 작품도 그의 라틴어 문장을 능가하지 못한다는 평가를 받는 걸작이다.

'칼뱅이 최종적으로 종교개혁 사상을 인식하게 된 때가 정확하게 언제인가?'라는 질문에 대해서는 여전히 논쟁 중이다. 분명한 것은 이미 1527년 칼뱅은 루터나 부처의 저술을 알고 있었다는 점이다. 그가 1528년 슈트라스부르크를 방문한 것도 그의 종교개혁적인 회심에 영향을 끼쳤다고 볼 수 있다. 칼뱅 자신의 증언에 따르면 종교개혁적인 전향은 소위 '갑작스런 회심'으로 이루어졌다. 그의 전향은 내적인 갈등과 투쟁이 있던 1533년 8월에서 1534년 5월 사이에 일어난 것으로 보인다. 이 시점에 칼뱅은 자신의 성직록을 포기하였다.

제네바 종교개혁

칼뱅이 본격적으로 종교개혁자의 길로 접어든 것은 1536년 8월 초에 제네바에 잠시 체류한 것이 계기가 되었다. 그는 본래 제네바를 경유하여 파리로 돌아가고자 하였었다. 그는 거기에서 1534년부터 베른의 도움을 받아 제네바의 종교개혁을 시도하고 있던 파렐의 요구로 종교개혁에 참여하게 되었다. 공식적인 교회의 직분을 가지고 있지 않던 칼뱅은 처음에 그의 요청을 거부한 것처럼 보인다. 그러나 그는 곧 파렐과 함께 교리와 교회의 규례를 개정하는 일을 착수하였다. 1537년 칼뱅은 제1차 「제네바 교리문답」을 편집하여 시민들을 대상으로 엄격한 교회의 권징(勸懲)을 시행하였다. 그래서 주일날 베푸는 성만찬에는 거룩한 생활을 하였다는 것을 증명할 수 있는 자들만이 참여할 수 있었
다. 이를 시행하는 데 칼뱅은
시의회와 협력하였다. 칼뱅은
실제적으로 성도들의 삶이 변
화될 수 있는 조치들을 취하
였다. 심지어 칼뱅은 종교개
혁적 신앙고백에 참여하지 않
는 시민은 누구든지 도시에서

제네바 바스티옹 공원에 있는 종교개혁기념비
부조(왼쪽부터 파렐·칼뱅·베자·낙스)

추방해야 한다고 주장하기도 하였다. 그러나 1538년 부활절에
칼뱅과 파렐은 시의회와 갈등을 일으켜 도시를 떠나야 했다.
파렐은 뇌샤텔로 가서 활동을 재개하였고, 칼뱅은 슈트라스부
르크로 가서 프랑스 이민자 교회의 설교직을 담당하였다. 그
는 그곳에서 마르틴 부처의 도움을 받았고 신학연구에 몰두하
였다. 그는 1539년『기독교 강요』2판과『로마서 강해』를 출
판하였다. 1541년『주의 만찬에 대한 안내서』를 저술하여 루
터의 동의를 얻기도 하였다.

　이 기간 제네바의 종교개혁은 지지부진하였으며, 심지어 제
네바를 다시 구교로 회귀시켜야 한다는 요구가 등장하기 시작
하였다. 그러자 제네바의 개신교 목사들은 위기감을 느껴, 칼
뱅을 제네바로 다시 불러 들였다. 1541년 11월 20일 칼뱅의
주도적인 노력으로 교회 규례가 시의회를 통과하게 되었다.
이 교회규례는『기독교 강요』다음으로 제네바 교회에 중요
한 역할을 하였다. 이 규례는 슈트라스부르크 개혁자인 마르

틴 부처의 영향을 받았다. 이 규례에 따르면 교회직제는 목사, 교사, 장로, 집사로 구분된다. 장로는 일주일에 한 번 목사들과 함께 '콘시스토아'(consistoire)에 참여하여 공동체의 질서를 관리하였다. 콘시스토아와 함께 시의회는 규례를 어기는 시민들을 통제하였다. 새로운 교회의 규례는 도시의 도덕적인 생활에도 관여하여 분쟁이나 비방, 금전사기나 절도, 화려한 복장이나 사치를 규제하였다. 새로운 교회규례는 1541년부터 1545년까지 매우 성공적으로 시행되었다. 칼뱅과 시의회는 일종의 신정정치를 제네바에 정착시키는 데 협조하였다. 그러나 이러한 통치는 법적으로 매우 엄격하여서 때로 복음이 주는 자유와 창의성을 배제하고 억압하는 측면이 있었다. 칼뱅은 시의회에서 단지 신학적인 측면뿐만 아니라 법률적인 측면에서도 조언자 역할을 하였다.

칼뱅은 여러 신학논쟁에도 참여하였다. 그 가운데 유명한 것이 카스텔리오와 세르베투스와 빌인 논쟁이다. 교장 출신인 카스텔리오는 구약의 「아가서」(雅歌書)는 단지 세속적인 사랑의 시에 불과하다고 주장하였다. 또한 사도신경에 나오는 그리스도의 지옥행에 대한 표현도 문자적으로 이해하지 말고 인간 대표로 하나님의 심판대에 오르신 그리스도가 겪어야 했던 지옥의 고초로 이해해야 한다고 주장하였다. 칼뱅은 카스텔리오가 하나님의 말씀을 모독하고 있다고 여기고 그가 목사직을 받지 못하도록 하였다. 결국 그는 1544년 제네바를 떠나야만 했다. 1552년 반삼위일체론자인 세르베투스가 제네바에

왔을 때, 교리 논쟁은 그 절정에 달했다. 이 스페인 출신의 의사는 이미 빈의 이단심문소에서 이단으로 고발되었다. 그는 제네바를 지나 이탈리아로 도망하는 도중에 칼뱅에게 발각되어 체포되었다. 칼뱅은 이 반삼위일체론자가 처형되기를 바랐다(당시 반삼위일체론을 주장하는 사람은 이단으로 처형되는 것이 보통이었다). 세르베투스는 1551년에 『삼위일체론의 오류에 관하여』라는 책을, 1553년에는 『기독교 재건』이라는 책을 썼다. 제네바 시의회는 바젤을 제외한 모든 다른 스위스 개신교 지역들과 함께 그에게 사형을 선고하였고, 결국 그는 화형에 처해졌다. 이 재판의 결과로 제네바에서 칼뱅의 지위는 강화되었으며 1554년 부활절 시의회 선거에서 칼뱅파가 득세하게 되었다. 칼뱅은 「정통신앙의 수호」란 글을 통해 세르베투스 처형을 정당화하였다.

칼뱅주의의 확장과 유럽

유럽, 1559년

아우구스부르크 종교평화가 체결된 1555년이 독일의 루터교 종교개혁에 있어서 중요한 해라면, 1559년은 칼뱅주의와 모든 종파들에 있어서 중요한 해이다. 1559년은 칼뱅이 자신의 기념비적인 저서인 『기독교 강요』의 최종판을 완성한 해이자, 자신의 제자인 베자와 함께 제네바 아카데미를 세운 해이다. 이 제네바 아카데미는 루터 생전의 비텐베르크를 능가하는 국제적인 명성을 얻었다. 스코틀랜드 종교개혁자 존 낙스는 이 아카데미를 "사도시대 이래 지금까지 지상에 존재했던 가장 완벽한 그리스도의 학교"라고 극찬하였다. 이곳을 거쳐 간 수많은 학생들이 각기 자기의 조국에 칼뱅주의를 확산시키는 데 주요한 역할을 담당하였다.

1559년은 프랑스에서 처음으로 개혁교회 총회가 열려 프랑스 개혁교회의 신조인 「갈리아 신조」를 선포한 해이다. 이해는 존 낙스가 제네바 망명을 끝내고 고국으로 돌아간 해이기도 하다. 그 다음해 그의 주도로 스코틀랜드 칼뱅주의적 장로교회의 신앙고백서인 「스코틀랜드 신조」가 선포되었다. 1559년은 아버지 카를 5세로부터 네덜란드의 지배권을 계승한 스페인 왕 펠리페 2세가 네덜란드에 가톨릭의 주교좌를 새롭게 구축(構築)하려고 시도하면서 칼뱅주의자들에 대한 대대적인 탄압을 시작했던 시기이다.

그리고 1559년은 영국의 엘리자베스 1세가 새로운 수장령과 통일령을 발표하여 영국 국교회의 체계를 공고히 한 해이다. 엘리자베스 1세는 가톨릭-스페인의 왕으로 가톨릭의 재건과 부흥을 꿈꾸는 펠리페 2세로부터 유럽의 개신교를 수호하는 역할을 하였다. 이해 독일의 팔츠 선제후령에서는 프리드리히 3세의 통치가 시작되었다. 그는 다음해 칼뱅주의자로 전향하여 하이델베르크를 중심으로 한 자신의 영지를 독일 내 최초의 칼뱅주의적 개혁교회 지역으로 만들었다.

프랑스의 종교개혁

제네바의 영향으로 칼뱅주의는 특히 프랑스에서 넓게 확산되었다. 앙리 2세(1547~1559)는 프랑수아 1세의 반 프로테스탄트 정책을 계승하였다. 비록 앙리 2세가 개신교도들을 박해하였지만 하층민들뿐만이 아닌 귀족 가운데에서도 칼뱅의 추종자가 생겼다. 1555년에는 제네바를 모범으로 하는 신앙공동체가 생겼다. 앙리 2세가 죽은 후 15세인 그의 아들 프랑수아 2세(1559~1560)가 통치하자 가톨릭파인 귀즈(Guise)가의 형제들이 득세하기 시작하였다. 개신교도들은 귀즈 가문이 왕에게 영향력을 행사하지 못하도록 앙부아즈에서 봉기하였는데 실패로 끝나 수많은 개신교도들이 목숨을 잃었다. 이 봉기 이후부터 개신교도들은 '위그노'라는 이름을 얻게 되었는데, 이 이름은 '동지'(aiguegnots)라는 말에서 유래된 것으로 보인다.

프랑수아 2세가 죽은 후 9세인 동생 샤를 9세재위(1560~1574)가 왕으로 등극했다. 그의 섭정으로 카트린 드 메디시스가 국사를 넘겨받은 후 종교적인 관용을 베풀었다. 위그노들은 노회를 구성하고 파리 시외에서 예배를 드릴 수 있는 권한을 보장받았다. 더 나아가 귀족들에게 자유로운 종교 선택의 자유를 보장하고 파리를 제외한 모든 도시에서 개신교 예배를 허락하였다. 이후 콜리니 제독하에서 위그노들은 프랑스 내에서 점점 더 영향력을 확대해 나갔다. 이에 대한 반격으로 귀즈 가문의 지도하에 가톨릭 세력은 위그노 전쟁을 일으켰다. 특히 1572년 8월 23/24일에 왕의 누이인 마거릿 발로와와 훗날 앙리 4세가 되는 나바라의 앙리와의 결혼식 직후에 벌어진 성 바돌로매 축일 대학살 사건은 귀즈 가문에 의해 자행된 사건으로 파리에서만 3,000~4,000명의 위그노들이 처형되었다.

프로테스탄트이던 앙리 4세(1589~1610)는 왕으로 즉위한 후 정치적인 계산으로 가톨릭으로 개종하였다. 그리고 프랑스를 위태롭게 하는 종교전쟁을 종식시키고자 1598년 4월 13일 낭트칙령을 발표하였다. 이로써 위그노들은 양심과 신앙의 자유를 얻었으며 어떤 법적인 제한을 받지 않고 공직에 취임할 수 있었다. 이 종교적인 자유는 1685년 가톨릭 절대군주인 루이 14세가 낭트칙령을 폐기하기까지 계속되었다. 낭트칙령의 폐기로 신앙의 자유를 잃은 위그노들은 프랑스를 떠나 영국, 북아일랜드, 독일, 스위스, 네덜란드, 아메리카 등지로 망명하였다. 역설적으로 이러한 망명을 통하여 칼뱅주의는 더욱 확산될 수 있었다. 프랑스에서 위그노들이 법적인 보호를 받게 된 것은 1802년 이후의 일이었다.

네덜란드와 스코틀랜드의 종교개혁

네덜란드에서는 1566년부터 1609년까지, 또 1621년부터 1648년까지 스페인의 지배에 대항하여 독립투쟁을 벌였다. 스페인 왕 펠리페 2세는 1559년에 배다른 누이인 파르마의 마가레테를 네덜란드의 통치자로 임명하였다. 1566년 네덜란드의 귀족들은 박해를 멈추고 자신들의 권리를 인정할 것을 요구하였다. 마가레테는 물러섰지만 총대장 알바 공작은 승인을 취소하고 스페인 절대주의와 가톨릭을 더욱 공고히 하고자 하였다. 알바의 잔인한 통치하에서 약 1만 8,000여 명이 이단자로 몰려 처형되었다. 네덜란드인들은 1573년 칼뱅주의로 전향한 오렌지의 윌리엄 공의 지도로 대대적으로 저항하였다. 1579년 홀란트를 포함한 북부 7개 주가 떨어져 나가 위트레흐트 연합을 결성한 후 1609년 독립 공화국이 되었다. 그러나 공식적으로 독립이 인정된 것은 30년 전쟁이 끝난 1648년에 이르러서였다. 이곳에서 칼뱅주의는 국가 종교가 되었지만 다른 신앙에 대해서도 관용을 베풀었다. 네덜란드의 중부와 남부 지방(오늘날의 벨기에 지역)은 여전히 스페인의 지배하에서 가톨릭을 고수하였다.

스코틀랜드에서는 칼뱅의 제자인 존 낙스가 칼뱅주의를 확산시키는 투사가 되었다. 남편 프랑수아 2세의 사망으로 메리 스튜어트가 스코틀랜드로 귀환했을 때, 그녀는 다시금 가톨릭의 부활을 꿈꾸었다. 이에 대항하여 1567년 스코틀랜드의 개신교도들은 존 낙스를 중심으로 봉기하였고, 그녀는 1568년 잉글랜드로 도망할 수밖에 없었다. 그녀는 거기에서 자신의 라이벌이었던 엘리자베스 1세의 포로가 되어 1587년 마침내 처형되었다. 그 후 등극한 어린 제임스 6세(1567~1625)를 대신하여 섭정하게 된 머레이 제임스에 의해 스코틀랜드에 칼뱅주의가 확고한 뿌리를 내리게 되었다.

영국의 종교개혁

영국 종교개혁의 특징은 한마디로 국가권력에 의한 위로부터의 개혁이라고 할 수 있다. 1521년 루터의 「교회의 바벨론 포로에 대하여」를 반박하는 「7성례전의 옹호」를 써서 교황 레오 10세로부터 '신앙의 수호자'라는 칭호를 받았던 헨리 8세 왕이 개혁의 주체였다. 헨리 8세는 과부가 된 형수 아라곤 출신의 캐서린과 재혼하였었다(그녀는 카를 5세의 아주머니이기도 하였다). 교황도 이 결혼을 승인하였다. 그러나 헨리 8세가 궁정시녀인 앤 불린과 재혼할 속셈으로 로마 교황 클레멘스 7세에게 캐서린과의 혼인을 풀어 달라고 요청하였다. 교황이 이를 거부하자 1534년 헨리 8세는 자신의 영토에서는 자신이 교회의 유일한 수장임을 선언하고 로마교회와 결별하였다.

그는 영국의 주교를 자신이 임명하고 모든 성직자를 국법 아래 종속시켰다. 그리고 로마 교황의 수위권에 대한 비판을 더 이상 이단으로 규정하지 않았다. 이러한 헨리 8세의 행보를 교회법상 문제가 있다고 반대한 토머스 모어와 주교들은 처형되었다. 1535년에는 헨리 8세에 대한 교황 바오로 3세의 출교서가 발부되었다. 카를 5세와 프랑스의 프랑수아 1세가 공동전선을 펼칠 때, 헨리 8세는 독일의 슈발칼덴 동맹과 연대를 시도하였다. 그러나 비텐베르크의 신학자들도 헨리 8세의 재혼을 승인하려고 하지 않았기 때문에 성사되지 못하였다. 그럼에도 불구하고 그는 고집스럽게 자신의 개혁을 밀고 나갔다.

헨리 8세가 죽은 후 에드워드 6세(1547~1553)에 의해 영국의 종교개혁은 계속되었다. 에드워드는 불과 9세에 불과했기 때문에 서머싯 공작이 섭정하여 종교개혁에 더욱 박차를 가하였다. 1549년 크랜머 대주교는 마르틴 부처의 도움을 받아 새로운 예배의식서인 『공동 기도서』를 발행하였다. 세례와 성만찬은 가장 중요한 성례전이 되었다. 성만찬에서의 희생제의적인 성격과 연옥설은 거부되었고 성직자 독신제도가 폐지되었다. 미사는 말씀예배로 대체되었다.

요절한 에드워드 6세의 뒤를 이어 헨리 8세와 캐서린 사이에 태어난 메리 1세(재위 1553~1558)가 적법한 왕위 계승자로 등장하였다. 그녀는 헨리 8세가 제정한 법과 로마와의 단절을 무효화하였다. 그녀는 대주교 크랜머를 처형한 것을 비롯하여 대대적인 숙청을 통하여 ─ 그래서 그의 별명이 '피의 메리'이다 ─ 가톨릭을 다시 회복하고자 하였다. 그녀는 또한 스페인의 펠리페 2세와 결혼하여 정치적인 탄력을 받고자 하였지만 그다지 성공적이지 못했다. 그녀가 죽자 헨리 8세와 앤 불린 사이에 태어난 엘리자베스 1세(1558~1603)가 그녀의 왕위를 이어받았다. 엘리자베스 1세는 잠시 중단되었던 에드워드 6세의 종교개혁을 더욱 힘 있게 추진하여 새롭게 『공동 기도서』를 개정하였을 뿐만 아니라 종교개혁 사상을 반영하는 영국교회 「39개 조항」을 확정하였다. 이는 1552년에 발표된 크랜머의 42개 조항을 기초로 하여 영국 교회에 맞게 새롭게 교정한 것이다.

가톨릭의 개혁과 종파주의 시대

1054년 동·서교회의 분열 이후 로마 가톨릭이 통일적으로 지배하던 서방교회는 이제 로마 가톨릭, 루터파, 그리고 칼뱅주의로 나뉘어 서로 경쟁하게 되었다. 거기에 가톨릭과 개신교의 중간적인 형태를 띠는 영국 국교회(성공회)가 가세하게 되었다. 16세기 전반기부터 각 기독교 종파들은 우선 내부적으론 자기의 정체성을 공고화하기 위한 작업으로 정통신조를 확정하고, 외부적으로는 타 종파와의 신학 논쟁을 벌이면서 세력 확장에 본격적으로 돌입하게 된다. 이 시대를 일컬어 '종파주의 시대', 혹은 '종교개혁 후기 시대'라고 말한다.

지역적으로 볼 때 스페인과 이탈리아, 대부분의 프랑스는 로마 가톨릭 지역으로 남고, 독일, 덴마크, 노르웨이, 스웨덴,

핀란드 그리고 아이슬란드는 루터파 지역으로, 스위스, 네덜란드, 스코틀랜드, 프랑스의 일부는 칼뱅주의적 개혁교회 지역으로 남았다. 동유럽의 경우는 종교개혁이 서유럽과는 달리 다양한 방식으로 진행되었다. 종교개혁 사상은 소수인 상류층을 중심으로 전파되었다. 폴란드는 특별히 인문주의적인 성향을 지닌 귀족들 사이에서 그 기반을 형성하였고, 왕의 성향에 따라 가톨릭과 프로테스탄트 사이를 오가다가 1550년 공적으로 가톨릭교회로 남기로 하였다. 그럼에도 개신교 세력은 전적으로 소멸되지는 않았다. 헝가리 역시 16세기 전반부에 종교개혁적인 영향을 상당히 받았음에도 불구하고 예수회의 영향으로 인해 지벤뷔르겐 지방을 빼고는 대체로 가톨릭 국가로 남게 되었다.

개혁에 대한 요구와 예수회의 창립

1527년 5월 카를 5세가 전격적으로 로마를 침공하여 로마를 대대적으로 파괴하고 약탈하는 충격적인 일이 발생했다. '로마의 약탈'(Sacco di Roma)이라고 불리는 이 사건은 교황 클레멘스 7세가 프랑스와 동맹을 맺고 카를 5세와 신성로마제국에 대항한 것에 대한 보복이었다. 황제가 지휘하는 독일 용병들에 의해 강탈과 파괴, 살해와 방화가 1주일 동안 전 로마를 휩쓸었다. 이 사건은 로마제국 붕괴 후의 가장 처참한 사건으로 꼽힌다. 성 베드로 성당도, 교황의 궁전도 병사들의 숙소와 마구간으로 변했고, 교황들의 묘소는 도굴되었다. 현재의 로마가 바로크 풍의 도시라는 인상을 풍기는 것은 이 '로마의 약탈'로 파괴된 르네상스 양식의 건축물을 개축할 당시 새롭게 대두되던 바로크 양식을 채용했기 때문이다.

'로마의 약탈'의 주역은 가톨릭교도인 카를 5세가 아니라 로마에 침입하자마자 폭도로 변한 루터파 신자인 용병들이었다. 황제로부터 급료를 받지 못한 불만도 있긴 했지만, 그보다 그들의 눈에는 루터가 표현한 대로 이교도인 터키인보다도 더 타락하고 퇴폐적인 로마에 대한 응징을 자신의 신앙행동과 일치시켰던 것이다. 이 충격적인 사건을 의식 있는 가톨릭교도들은 로마 가톨릭 교회를 향한 하나님의 경고와 개혁에 대한 요구로 받아들였다. 그러나 이러한 위기의식이 가시적인 개혁으로 이어지기까지는 시간이 필요하였다. 가톨릭의 개혁은 루터의 종교개혁에 대한 반동으로서의 반(反) 종교개혁이란 측면과 함께 가톨릭 자체 내의 자기 갱신이란 양 측면이 있다. 이 개혁은 예수회가 창립되고 가톨릭 개혁을 논의하기 위한 트리엔트 공의회가 개최됨으로써 그 윤곽이 드러나게 되었다.

예수회의 창립자 로욜라의 이그나티우스는 바스크 귀족 출신으로 본래 장교였다. 그는 전쟁에서 얻은 부상이 계기가 되어 삶에 대한 근본적인 성찰을 하면서 신앙의 세계에 몰입하게 되었다. 그는 토머스 아 켐피스의 『그리스도를 본받아』를 읽으며 영성의 신비를 경험하고 『영적 훈련』이란 글을 쓰게 되었다. 이 책은 자기를 극복하고 온전히 하나님의 의지에 복종하려는 목적을 지닌 묵상과 훈련에 관한 내용을 담고 있다. 1534년 그는 파리 대학에서 석사시험을 마친 후 자신과 뜻을 같이 하는 동료들과 함께 청빈과 순결, 그리고 영적인 치유를 위한 활동 등을 하기로 서약하였다.

예수회로 불린 이 모임은 1540년 교황 바오로 3세에 의해 승인되었다. 예수회는 "하나님을 향한 십자가의 길을 가도록 투쟁하고 오직 주님을 기리고 이 땅에 그의 대리자인 교황을 섬기고 절대 복종함"을 목표로 하였다. 이들은 영적인 훈련에 힘쓸 뿐만 아니라 가톨릭교회를 개혁하고 이단(개신교 포함)과 이방인들을 개종시켜 가톨릭교회의 유일한 통치권을 확립하고자 노력하였다. 이들은 주로 궁정의 고해신부로 활동하면서 정치적인 영향력을 발휘하였고, 학교와 대학을 세워 교육에 힘썼다. 무엇보다 종교개혁으로 상실된 가톨릭 지역의 회복과 중국과 일본, 그리고 남미 지역 선교에 적극적으로 나섰다. 이들을 통해 상당부분 가톨릭의 영역이 회복되고 확장되었다.

트리엔트 공의회(1545~1563)

예수회를 승인하고 새롭게 종교재판소를 조직하였던 교황 바오로 3세는 황제가 요구하고 교황이 오래전에 약속했던 공의회를 마침내 1545년 12월 13일, 신성로마 제국 내 가장 남쪽에 자리한 트리엔트에서 소집하였다. 이는 몇 번의 무산과 연기를 거듭한 끝에 이루어진 성과였다. 이 공의회에서는 18여 년에

걸친 대장정의 회의가 되었다. 여기에서 가톨릭교회는 프로테
스탄트들이 제기하는 핵심적인 물음에 답변하고, 가톨릭 교리
와 법령을 새롭게 확정지었다.

　종교개혁의 핵심 주제인 칭의론에 대해서 공의회는 후기
스콜라주의의 펠라기우스적인 경향, 즉 선행을 통하여 구원을
얻을 수 있다는 주장에 반대하였을 뿐만 아니라, 루터의 '오직
믿음만으로'(sola fide)라는 주장에도 분명하게 반대하였다. 말
하자면 신앙과 공로의 중간적인 입장을 취하면서 '사랑(선행)
으로 역사(役事)하는 믿음'을 강조한 것이다. 공의회는 또한
종교개혁의 '오직 성서만으로'(sola scriptura)라는 주장에도 반
대하면서 성서와 전통 그리고 성서를 권위적으로 해석하는 교
직을 동등한 권위로 인정하였다. 그리고 7성례전과 연옥설을
적법한 가톨릭 교리로 확증하였다. 주교의 직무에 관한 사항
과 면죄부에 대해선 일련의 개혁 조치가 있었으나, 교황의 수
위권이나 교회 개념에 대한 문제는 해결되지 못했다. 전체적
으로 보아 트리엔트 공의회는 종교개혁의 도전에 대해 최소한
의 오류를 수정하면서 가톨릭 신앙의 유산을 재확인하고 명확
히 하는 선에서 끝이 났다.

루터교회의 신조형성

　가톨릭교회가 트리엔트 공의회를 통해 전열을 가다듬고 자
신의 정체성을 공고히 할 즈음, 루터파 내에서는 루터와 멜란

히톤 사이의 우정 때문에 표면화 되지 않았던 미해결의 문제들이 봇물처럼 터져 나왔다. 사실 루터 와 멜란히톤은 종교개혁의 가장 가까운 동지였으나, 그 학문적인 배경에 있어서 멜란히톤은 인문주 의적인 세례를 더 받았다. 루터 사 후, 루터의 신학을 멜란히톤적인

필립 멜란히톤(1497~1560)

중재 속에서 계속할 것인가, 아니면 순수 루터적인 입장을 견지해야 하는가 하는 문제가 대두되었다.

원 루터의 입장을 대변한다고 자부하는 순수 루터파들은 정치적인 상황의 변화로 점차 가톨릭과의 중재적인 입장을 취하는 필립 멜란히톤의 추종자들을 의심의 눈초리로 바라보게 되었다. 순수 루터파들과 필립주의자들 사이의 입장 차이는 아디아포라(Adiaphora)15) 또는 잠정안 논쟁에서 극명하게 드러났다. 순수 루터주의자들은 멜란히톤과 부겐하겐의 지도로 작센 선제후령에서 가톨릭과 합의한 '라이프치히 잠정안'을 공박하였다.

잠정안에서 멜란히톤과 부겐하겐은 가톨릭의 성직 계급, 성례나 관습들을 용인하더라도 설교를 통하여 바르게 지도하고 사용한다면 문제가 없다고 보았다. 그러나 순수 루터주의자들은 이를 프로테스탄트의 근본 원리를 훼손시키는 일이라고 보고 강력하게 반대하였다. 이들은 더욱이 멜란히톤과 부겐하겐

이 종교개혁신학의 핵심인 칭의론을 가톨릭의 입장에 근접하도록 만들었을 때 이는 루터의 순수한 칭의론을 변조하는 것이라고 강력하게 비난하였다.

다른 한편, 1550년대 초부터 루터교회는 독일 내로 확산되고 있던 칼뱅주의적 개혁교회와도 신학논쟁을 벌여야 했다. 함부르크의 순수 루터파 목사 요아힘 베스트팔은 1552년『성례전주의자들의 그릇된 주장 모음집』을 출판하였다. 이 문서는 최초로 루터파와 칼뱅파의 차이를 분명하게 표현하였다는 점에서 중요하다. 베스트팔은 이 글에서 칼뱅이 주장하는바, 성만찬에서의 그리스도의 영적인 임재를 비판하면서 그리스도의 몸의 실재적인 임재를 수호하였다.

이에 대해 칼뱅은 성만찬에서 "그리스도는 몸으로서가 아니라 영으로서 현존하시며 이 영은 믿는 자의 마음을 당신에게로 이끌어낸다"고 주장하였다. 그러나 그는 성만찬의 빵과 포도주가 그리스도의 유일회적인 죽음을 기념하는 것이라는 츠빙글리의 주장을 전적으로 따르지 않는다. 이런 점에서 칼뱅은 성만찬론에서 루터와 츠빙글리의 중간 입장을 취하는 것이라고 볼 수 있다.

칼뱅주의와 루터파는 단지 성만찬론에서만 대립되는 것은 아니었는데, 1553년 이후 예정론 논쟁에서 그 차이는 분명해졌다. 칼뱅은 선택받은 자는 구원으로, 선택받지 못한 자는 영원한 죽음으로 확정된다는 이중예정론을 주장하였다. 이에 반해 루터는 1525년 「노예의지론」에서 예정론적 사고 속에 들어 있는 하나님의 주권적인 영향을 견지하면서도 하나님의 선택과 작정의 비밀을 캐물으려는 시도에 대해 경고한 바가 있다. 그는 이것을 하나님의 비밀에 속하는 것이라고 보았다.

1550년대와 1560년대에 루터교회 내부에서 일어난 다양한 교리논쟁은 결국 1577년의 「일치신조」를 통해 일단락되었다. 독일의 루터교회는 이 신조로 자신의 정체성을 확고히 하였는데, 내용적으로 멜란히톤보다는 루터 편으로 더욱 다가가는 것이었다. 「일치신조」를 통해 루터교회는 칼뱅주의와 달리 아우구스부르크 신앙고백의 기반 위에 서 있으며 제국법이 인정한 교회임을 분명히 하였다. 루터교회는 이러한 「일치신조」를 바탕으로 정통주의를 확립하여 나아갔다. 이 교의적인 내용들은 그 역사적인 기원이나 논쟁과정에서 점점 분리되어 추상화되고 문장 자체가 절대적인 도그마가 되었다. 이러한 한계에도 불구하고 「일치신조」는 루터교 신학의 정체성 형성과 정착에 기여하였다. 한편 이를 통해 지역 영주는 자기 영지 내의 교회를 효과적으로 통치할 수 있게 되었다.

칼뱅주의적 개혁교회의 신조 형성

칼뱅주의적 개혁교회의 신조들은 스위스, 네덜란드, 스코틀랜드, 벨기에, 동유럽 그리고 독일에 이르기까지 다양한 형태를 띤다. 개혁파 안에는 수많은 지역 신조들이 있으나 그 어떤 공통신조 목록도 존재하지 않는다.

최초의 개혁교회 신조로 1536년의 「제1차 스위스 신조」를 들 수 있다. 이는 취리히, 베른, 바젤이 바오로 3세가 소집하기로 한 1537년 만투아 공의회에 대비하여 개혁파 공통의 신조를 마련하고자 작성한 것이다. 1549년 츠빙글리의 후계자 불링거와 칼뱅은 「일치신조」(Consensus Tigurinus)를 작성하여 성만찬 이해의 일치를 보았다. 1561년의 「제2차 스위스 신조」는 스위스와 독일의 칼뱅주의를 연결시키려는 시도로 불링거의 개인적인 작업에 의해 이루어진 것이었다. 이 신조는 독일의 팔츠 선제후 프리드리히 3세가 칼뱅주의로 전환할 때 신앙고백의 기초가 되었다. 이 신조는 루터교의 아성인 독일이라는 상황을 고려하여 칼뱅의 예정론에 대해서는 가능한 적게 언급하였다. 은총을 공로로는 절대로 획득하지 못한다는 것을 강조하는 선택의 은총에 대해서만 언급할 뿐, 방기(放棄)의 선택에 대해서는 침묵하였다.

이러한 입장은 1563년의 「하이델베르크 요리문답」으로 종합되었다. 이 요리문답은 멜란히톤의 제자인 우르시누스와 올레비아누스의 주도로 작성되었다. 이것은 독일 개혁파에서 가장 유명한 신조로, 그 영향에 있어서 루터의 「대-소요리문답」에 비교할 만한 것이다. 이 교리문답이 인간의 비참함으로부터 시작하여 구원에 이르는 방법론적인 경향은 우르시누스가 스승인 멜란히톤으로부터 받은 영향이라 할 수 있다.

제네바에서는 칼뱅의 후계자인 베자의 지도 아래 칼뱅주의는 더욱 경직되어 갔다. 베자는 타락 전 이중 예정론16)을 주장하였는데, 베자를 열렬하게 지지한 사람은 네덜란드의 개혁파 프란츠 고마루스였다. 그러나 같은 라이덴 대학의 교수였던 야콥 알미니우스는 이에 반대하였다. 하나님을 죄와 악의 원천으로 만드는 이중예정의 피할 길 없는 논리를 벗어나기 위해 알미니우스는 오직 그리스도 안에서의 신자의 선택에 대해서만 말했다. 엄격한 칼뱅주의자들은 1618년에 네덜란드의 도트레히트에서 유럽의 개혁파들의 회의를 소집하여 알미니우스를 정죄하였다. 여기에서 공포된 「도트레히트 신조」는 개혁파 정통주의의 기초가 되었다.

　「웨스트민스터 신조」는 영국 청교도 혁명기인 1643년 국교회에 반대해 만든 칼뱅주의적인 신조로 스코틀랜드 장로교의 근간을 이루며, 첨부된 「웨스트민스터 대-소요리문답」을 통해 전체 영어 사용권에 영향을 끼쳤다. 「웨스트민스터 신조」는 1648년 영국의회에서 공인되었고, 「대-소요리문답서」와 통합되어 다음해에 「웨스트민스터 표준서」가 만들어졌다. 그 후 이것은 영어권에서 칼뱅의 신학체계와 교회 행정과 체계를 정립하는 기준이 되었다. 한국의 장로교회 역시 이 표준서의 영향하에 있다고 볼 수 있다.

에필로그: 종교개혁 이후

지금까지 우리는 방대한 종교개혁의 역사를 숨 가쁘게 살펴보았다. 글을 마치면서 남는 물음은 "과연 종교개혁과 개신교회의 탄생은 참된 교회 회복을 위해 불가피한 것이었는가?" 하는 것인데, 많은 개신교인들은 "그렇다"고 말할 것이다. 매년 10월 31일, 종교개혁주일이 되면 개신교회의 강단에서는 당시 로마 가톨릭(천주교)의 타락상을 열거하며, 종교개혁으로 인해 왜곡되고 변질된 교회가 참된 모습으로 회복되었다고 선포하고, 무엇보다 그동안 인간이 세운 전통과 관습에 가려졌던 복음이 환히 드러났음을 강조한다. 더 나아가 현재 로마 가톨릭의 교황제와 마리아 숭배와 연옥설 등을 열거하며 이들의 반복음성을 노골적으로 정죄한다. 그 결과 오늘날 적지 않은 한국의 개신교인들은 개신교만을 기독교로 생각하는 경향이 있다. 즉, 로마 가톨릭을 기독교의 범주에 포함될 수 없는 다른 종교로 취급하는 것이다.

이에 반해 로마 가톨릭 교회는 당시의 부패상을 인정하고 개혁의 필요성을 인정한다고 하더라도 독립된 교회로 분리할 만큼의 필연성은 없었다고 본다. 오히려 개신교회의 탄생은 '하나의 거룩하고 보편적인 사도적 교회'를 분열시킨 비극적인 사건이었다. 가톨릭의 입장에서 볼 때 종교개혁은 유구한 기독교 역사의 통일성과 연속성을 부정한 행위로, 그 이후의 수많은 분열주의의 시발점일 뿐이다. 개신교 역시 성직자들의 교권주의에서 자유롭지 않다고 비판한다. 개신교는 '집 나간 둘째 아들'로 아버지 하나님의 집인 보편적인(가톨릭) 교회에 다시 돌아와야 하는 '탕자'인 것이다.

21세기를 살아가는 오늘날의 기독교인의 입장에서 16세기 극렬한 투쟁 속에서 생겨난 개신교와 로마 가톨릭 간의 상호 저주(anathema)를 어떻게 해석해야 할까? 종교개혁은 그 의도의 순수성과 개인의 양심과 신앙의 자유의 성취라는 긍정적인 면에도 불구하고, 종파적인 대립과 피비린내 나는 종교전쟁의 계기가 된 것이 사실이다. 따라서 종교개혁의 정당성은 인정된다고 하더라도 그것은 비극적인 필요였다. 종교전쟁은 신·구교 어느 한편의 승리를 가져온 것이 아니라 기독교 전체로 하여금 그 권위를 상실하게 하였다. 이제 기독교는 공적인 공간을 세속권력에 넘겨 준 채, 점차 사적인 내면의 공간 속으로 내몰리게 되었다. 이제 이 세상에 평화를 가져오는 것은 독점적인 종교적인 진리 주장이 아니라 정치와 외교에 의한 타협이다. 이것이 극명하게 드러난 것이 30년 전쟁(1618~1648)이다. 그 이후 가속화된 세속화, 탈종교화는 계시적 진리에 대한 불신을 초래한 기독교 자체에 한 원인이 있었음을 부인할 수 없다.

새로운 밀레니엄을 눈앞에 둔 1999년 10월 31일에는 루터교회 세계연맹과 로마 가톨릭 교회 간에 「칭의론에 대한 공동선언」[17]이 발표되었다. 이날은 루터가 95개 논제를 제시함으로써 종교개혁이 시작된 지 482년이 되는 날이었다. 이것은 지난 천 년에 일어난 비극적 분열을 극복하고 그리스도인의 일치를 촉진시키기 위한 역사적인 시도였다. 양 진영의 신학자들 중에는 반대하는 목소리도 있었지만, 종교개혁의 가장 중요한 원리였던 칭의론에 대해 공식적으로 상호 접근한 것은 높이 평가할 만하다.

비록 「칭의론에 대한 공동선언」에서 상호접근이 이루어졌다고 하더라도, 교회법과 관습 그리고 기타 교리에서 개신교와 로마 가톨릭의 입장 차이는 여전히 존재한다. 그러나 교회의 일치는 서로의 차이를 인정하는 데서 출발한다고 본다. 차이와 다름이 차별과 상호 저주의 악순환으로 이어져서는 안 된다. 종교개혁의 산물로 태어난 개신교라고 해서 언제나 개혁적인 것은 아니다. 종교개혁 이후 일어났던 교조주의적인 정통주의가 이를 방증한다. 또한 전통을 보수하던 로마 가톨릭 교회라고 해서 언제나 전통과 교회의 권위만을 주장하는 것은 아니다. 1962년에 열린 제2차 바티칸 공의회[18]는 가톨릭 교회가 얼마나 개혁적이고 개방적일 수 있는가를 잘 보여 주었다. "개혁교회는 언제나 개혁되어야 한다"(Reformata ecclesia semper reformenda)는 말은 개혁교회뿐만이 아니라 지상에 있는 모든 제도적인 교회에 해당되는 말이다. 왜냐하면 지상의 모든 역사적인 제도적 교회는 불완전하며, 도래하는 '하나님 나라' 의 빛에서 언제나 지양(止揚)되어야 할 대상이기 때문이다.

주

1) 962년 독일의 오토 1세가 로마 교황으로부터 신성로마제국 황제 칭호를 받을 때부터 1806년 나폴레옹에 의해 해체될 때까지 존속했던 독일제국을 말한다. 1356년 금인칙서가 발표된 후 신성로마제국의 황제는 7선제후(마인츠, 쾰른, 트리어, 보헤미아, 팔츠, 작센 그리고 브란덴부르크)에 의해 선출되었다.

2) M. Luther, WA TR 3, 228, pp.24-32. (WA는 가장 권위 있는 루터의 역사비평적으로 편집된 전집인 Weimarer Ausgabe: D. Martin Luthers Werke. Kritische Gesamtausgabe, Weimar 1883ff 의 약자로 사용된다).

3) M. Luther, WA 54, 185, pp.12-186.

4) 만성절(萬聖節, All Saints' Day)은 가톨릭교회의 모든 성인(聖人)을 기념하는 축일(祝日)이다.

5) 루터가 정말 1517년 10월 31일에 비텐베르크 성 교회 문에 95개 논제를 붙였는가? 이에 대해서는 여러 논란이 있어왔다. 원인은 루터 자신이 이 논제를 붙인 날짜를 정확하게 명시하지 않았기 때문이다. 이 날짜는 그의 사후 멜란히톤이 명시한 것이다. 그 당시 학문적인 논쟁을 위해서 논제를 편지를 통해 배부했을 뿐만 아니라 대학교회이기도 한 비텐베르크 성 교회의 문에 논제를 공시하는 것이 일반적인 관례였다는 점과 멜란히톤이 임의로 이러한 사실을 지어냈다고 보기는 어렵기 때문에 필자는 멜란히톤이 제시한 자료를 부정할 이유가 없다고 본다.

6) M. Luther, WA 7, 838, pp.2-9. 우리가 흔히 알고 있는 "(저는 취소할 수 없습니다) 내가 여기 있나이다"라는 구절은 후기 인쇄본에서 발견되는 표현이다.

7) M. Luther, WA 6, 406, pp.21-29.

8) 신품성사는 사제가 되는 의식으로 개신교의 안수식에 해당되며, 견진성사는 세례 후에 주교의 집례로 성령의 도움으로 신앙을 더욱 견고하게 하는 의식으로, 개신교의 입교식에 해당되며, 도유(종부)성사는 병자나 죽음을 앞둔 신자에게 기름을 바르는 의식이다.

9) M. Luther, WA 7, 38, pp.6-13.

10) 밧모섬(Patmos)은 에게 해에 속한 작은 섬으로, 사도 요한이 로마의 도미시아누스 박해 시대 유배 가서 「요한 계시록」을 기록한 장소로 알려졌다.

11) 울리히 츠빙글리(Ulrich Zwingli)라고도 한다.

12) 그리스도의 인성(人性)은 동시에 그의 신성(神性)을 통하여 하나님의 신성과 무소부재에 참여함으로 성만찬에 현존할 수 있다는 이론.

13) 칼뱅의 원래 불란서식 이름은 장 코뱅(Jean Cauvin)이었다. 그러나 당시의 유행에 따라 대학에 등록할 때 코뱅은 라틴어로 Johannes Calvinus라고 기재하였다. 따라서 라틴어로 읽으면 칼비누스이고 여기에서 나온 Calvin을 불어식으로 읽으면 칼뱅이고 영어로 읽으면 캘빈, 독일어로 읽으면 칼빈이다. 여기서는 칼뱅으로 읽도록 한다.

14) 루터에 의해 시작된 개신교회를 말할 때는 '종교개혁적'(refor-matorisch, reformative) 교회라는 표현을 쓰는 데 반하여, 제2세대 종교개혁자인 칼뱅에 의해 시작된 칼뱅주의적 교회를 말할 때는 '개혁(된)'(reformiert, reformed) 교회라는 표현을 쓴다. 이는 '개혁하다'(reform)라는 동사의 완료형을 사용하는 데서 알수 있듯이 종교개혁이 '완료된' 혹은 '철저한' 교회라는 자의식을 보여준다고 볼 수 있다.

15) 교리에 있어 본질적이거나 핵심적인 사항이 아니라 중간적인 성격을 지닌 것으로 타협의 여지가 있는 중간적인 교리나 관습을 말함.

16) 하나님은 아담과 이브의 타락을 보신 후에 예정하신 것이 아니라 처음부터 확고하신 작정에 따라 진행하신 것이라는 주장.

17) 「칭의론에 대한 공동선언 1997/1999(루터교회세계연맹과 그리스도인의 일치촉진을 위한 교황청평의회)」, 월간 『기독교사상』 2000년 1월호, 2000, pp.217-235.

18) 제2차 바티칸 공의회(제21회 공의회)는 교황 요한 23세(재위 1958~1963)에 의해 소집되었는데, 회의 도중 그가 죽자 바오로 6세(재위 1963~1968)에 의해 계승되었다. 이 회의는 1959년 1월 교황 요한 23세의 가톨릭교회의 쇄신과 신·구교의 일치를 표방한 담화 발표로부터 비롯되었다. 이 회의는 '시대에

의 적응·을 내세워 교회의 보수적인 면을 완전 탈피, 과감한 교회제도·전례의식·교육·계시 등에 관한 재해석과 개혁의 자세를 드러내 보여 교회에 새바람을 불러일으켰다. 그 결과 한국 등 세계의 가톨릭 국가들의 전례에서 자국어 사용이 단행되고, 한국에서는 신·구교 『공동번역 성서』가 나오게 되었다. 특별히 타 문화나 타 종교에 대한 개방적인 태도는 신선한 충격을 주기도 하였다. 그러나 이러한 개혁적인 조치가 전면적으로 모든 가톨릭 교회에서 관철되지는 않고 있다. 이러한 개혁조치에 반대하는 가톨릭교회 내 보수파들의 저항이 만만찮기 때문이다.

프랑스엔 〈크세주〉, 일본엔 〈이와나미 문고〉, 한국에는 〈살림지식총서〉가 있습니다.

📖 전자책 | 🔍 큰글자 | 🔊 오디오북

001 미국의 좌파와 우파 | 이주영 📖🔍
002 미국의 정체성 | 김형인 📖🔍
003 마이너리티 역사 | 손영호 📖
004 두 얼굴을 가진 하나님 | 김형인 📖
005 MD | 정욱식 📖🔍
006 반미 | 김진웅 📖
007 영화로 보는 미국 | 김성곤 📖
008 미국 뒤집어보기 | 장석정
009 미국 문화지도 | 장석정
010 미국 메모랜덤 | 최성일
011 위대한 어머니 여신 | 장영란 📖🔍
012 변신이야기 | 김선자 📖
013 인도신화의 계보 | 류경희 📖🔍
014 축제인류학 | 류정아 📖
015 오리엔탈리즘의 역사 | 정진농 📖🔍
016 이슬람 문화 | 이희수 📖🔍
017 살롱문화 | 서정복
018 추리소설의 세계 | 정규웅 🔍
019 애니메이션의 장르와 역사 | 이용배 📖
020 문신의 역사 | 조현설 📖
021 색채의 상징, 색채의 심리 | 박영수 📖🔍
022 인체의 신비 | 이성주 📖🔍
023 생물학무기 | 배우철 📖
024 이 땅에서 우리말로 철학하기 | 이기상
025 중세는 정말 암흑기였나 | 이경재 📖🔍
026 미셸 푸코 | 양운덕 📖🔍
027 포스트모더니즘에 대한 성찰 | 신승환 📖🔍
028 조폭의 계보 | 방성수
029 성스러움과 폭력 | 류성민 📖
030 성상 파괴주의와 성상 옹호주의 | 진형준 📖
031 UFO학 | 성시정
032 최면의 세계 | 설기문 📖
033 천문학 탐구자들 | 이면우
034 블랙홀 | 이충환 📖
035 법의학의 세계 | 이윤성 📖🔍
036 양자 컴퓨터 | 이순칠 📖
037 마피아의 계보 | 안혁 📖🔍
038 헬레니즘 | 윤진 📖🔍
039 유대인 | 정성호 📖
040 M. 엘리아데 | 정진홍 📖🔍
041 한국교회의 역사 | 서정민 📖🔍
042 야훼와 바알 | 김남일 📖
043 캐리커처의 역사 | 박창석
044 한국 액션영화 | 오승욱 📖
045 한국 문예영화 이야기 | 김남석 📖
046 포켓몬 마스터 되기 | 김윤아 📖

047 판타지 | 송태현 📖
048 르 몽드 | 최연구 📖🔍
049 그리스 사유의 기원 | 김재홍 📖
050 영혼론 입문 | 이정우
051 알베르 카뮈 | 유기환 📖🔍
052 프란츠 카프카 | 편영수 📖
053 버지니아 울프 | 김희정 📖
054 재즈 | 최규용 📖
055 뉴에이지 음악 | 양한수 📖
056 중국의 고구려사 왜곡 | 최광식 📖🔍
057 중국의 정체성 | 강준영 📖🔍
058 중국의 문화코드 | 강진석 🔍
059 중국사상의 뿌리 | 장현근 📖🔍
060 화교 | 정성호 📖
061 중국인의 금기 | 장범성 📖
062 무협 | 문현선 📖
063 중국영화 이야기 | 임대근 📖
064 경극 | 송철규 📖
065 중국적 사유의 원형 | 박정근 📖🔍
066 수도원의 역사 | 최형걸 📖
067 현대 신학 이야기 | 박만 📖
068 요가 | 류경희 📖🔍
069 성공학의 역사 | 정해윤 📖
070 진정한 프로는 변화가 즐겁다 | 김학선 📖🔍
071 외국인 직접투자 | 송의달
072 지식의 성장 | 이한구 📖🔍
073 사랑의 철학 | 이정은 📖
074 유교문화와 여성 | 김미영 📖
075 매체 정보란 무엇인가 | 구연상 📖🔍
076 피에르 부르디외와 한국사회 | 홍성민 📖
077 21세기 한국의 문화혁명 | 이정덕 📖
078 사건으로 보는 한국의 정치변동 | 양길현 📖🔍
079 미국을 만든 사상들 | 정경희 📖🔍
080 한반도 시나리오 | 정욱식 📖🔍
081 미국인의 발견 | 우수근 📖
082 미국의 거장들 | 김홍국 📖
083 법으로 보는 미국 | 채동배
084 미국 여성사 | 이창신 📖
085 책과 세계 | 강유원 📖
086 유럽왕실의 탄생 | 김현수 📖🔍
087 박물관의 탄생 | 전진성 📖
088 절대왕정의 탄생 | 임승휘 📖🔍
089 커피 이야기 | 김성윤 📖
090 축구의 문화사 | 이은호
091 세기의 사랑 이야기 | 안재필 📖🔍
092 반연극의 계보와 미학 | 임준서 📖

093 한국의 연출가들 | 김남석 🔲
094 동아시아의 공연예술 | 서연호 🔲
095 사이코드라마 | 김정일
096 철학으로 보는 문화 | 신응철 🔲 🔎
097 장 폴 사르트르 | 변광배 🔲
098 프랑스 문화와 상상력 | 박기현 🔲
099 아브라함의 종교 | 공일주 🔲
100 여행 이야기 | 이진홍 🔲 🔎
101 아테네 | 장영란 🔲 🔎
102 로마 | 한형곤 🔲
103 이스탄불 | 이희수 🔲
104 예루살렘 | 최창모 🔲
105 상트 페테르부르크 | 방일권 🔲
106 하이델베르크 | 곽병휴 🔲
107 파리 | 김복래 🔲
108 바르샤바 | 최건영 🔲
109 부에노스아이레스 | 고부안 🔲
110 멕시코 시티 | 정혜주 🔲
111 나이로비 | 양철준 🔲
112 고대 올림픽의 세계 | 김복희 🔲
113 종교와 스포츠 | 이창익 🔲
114 그리스 미술 이야기 | 노성두 🔲
115 그리스 문명 | 최혜영 🔲 🔎
116 그리스와 로마 | 김덕수 🔲
117 알렉산드로스 | 조현미 🔲
118 고대 그리스의 시인들 | 김헌 🔲
119 올림픽의 숨은 이야기 | 장원재 🔲
120 장르 만화의 세계 | 박인하 🔲
121 성공의 길은 내 안에 있다 | 이숙영 🔲 🔎
122 모든 것을 고객중심으로 바꿔라 | 안상헌 🔲
123 중세와 토마스 아퀴나스 | 박주영 🔲
124 우주 개발의 숨은 이야기 | 정홍철 🔲
125 나노 | 이영희 🔲
126 초끈이론 | 박재모 · 현승준 🔲
127 안토니 가우디 | 손세관 🔲
128 프랭크 로이드 라이트 | 서수경 🔲
129 프랭크 게리 | 이일형
130 리차드 마이어 | 이성훈 🔲
131 안도 다다오 | 임채진 🔲
132 색의 유혹 | 오수연 🔲
133 고객을 사로잡는 디자인 혁신 | 신언모
134 양주 이야기 | 김준철 🔲 🔎
135 주역과 운명 | 심의용 🔲 🔎
136 학계의 금기를 찾아서 | 강성민 🔲 🔎
137 미·중·일 새로운 패권전략 | 우수근 🔲 🔎
138 세계지도의 역사와 한반도의 발견 | 김상근 🔲 🔎
139 신용하 교수의 독도 이야기 | 신용하 🔲
140 간도는 누구의 땅인가 | 이성환 🔲 🔎
141 말리노프스키의 문화인류학 | 김용환 🔲
142 크리스마스 | 이영제
143 바로크 | 신정아 🔲
144 페르시아 문화 | 신규섭 🔲
145 패션과 명품 | 이재진 🔲
146 프랑켄슈타인 | 장정희 🔲

147 뱀파이어 연대기 | 한혜원 🔲 🔊
148 위대한 힙합 아티스트 | 김정훈 🔲
149 살사 | 최명호
150 모던 걸, 여우 목도리를 버려라 | 김주리 🔲
151 누가 하이카라 여성을 데리고 사누 | 김미지 🔲
152 스위트 홈의 기원 | 백지혜 🔲
153 대중적 감수성의 탄생 | 강심호 🔲
154 에로 그로 넌센스 | 소래섭 🔲
155 소리가 만들어낸 근대의 풍경 | 이승원 🔲
156 서울은 어떻게 계획되었는가 | 염복규 🔲 🔎
157 부엌의 문화사 | 함한희 🔲
158 칸트 | 최인숙 🔲
159 사람은 왜 인정받고 싶어하나 | 이정은 🔲 🔎
160 지중해학 | 박상진 🔲
161 동북아시아 비핵지대 | 이삼성 외
162 서양 배우의 역사 | 김정수
163 20세기의 위대한 연극인들 | 김미혜 🔲
164 영화음악 | 박신영 🔲
165 한국독립영화 | 김수남 🔲
166 영화와 샤머니즘 | 이종승 🔲
167 영화로 보는 불륜의 사회학 | 황혜진 🔲
168 J.D. 샐린저와 호밀밭의 파수꾼 | 김성곤 🔲
169 허브 이야기 | 조태동 · 송진희 🔲
170 프로레슬링 | 성민수 🔲
171 프랑크푸르트 | 이기식 🔲
172 바그다드 | 이동은 🔲
173 아테네인, 스파르타인 | 윤진 🔲
174 정치의 원형을 찾아서 | 최자영 🔲
175 소르본 대학 | 서정복 🔲
176 테마로 보는 서양미술 | 권용준 🔲 🔎
177 칼 마르크스 | 박영균
178 허버트 마르쿠제 | 손철성 🔲
179 안토니오 그람시 | 김현우 🔲
180 안토니오 네그리 | 윤수종 🔲
181 박이문의 문학과 철학 이야기 | 박이문 🔲
182 상상력과 가스통 바슐라르 | 홍명희 🔲
183 인간복제의 시대가 온다 | 김홍재 🔲
184 수소 혁명의 시대 | 김미선 🔲
185 로봇 이야기 | 김문상 🔲
186 일본의 정체성 | 김필동 🔲 🔎
187 일본의 서양문화 수용사 | 정하미 🔲 🔎
188 번역과 일본의 근대 | 최경옥 🔲
189 전쟁국가 일본 | 이성환 🔲
190 한국과 일본 | 하우봉 🔲 🔎
191 일본 누드 문화사 | 최유경 🔲
192 주신구라 | 이준섭
193 일본의 신사 | 박규태 🔲
194 미야자키 하야오 | 김윤아 🔲 🔊
195 애니메이션으로 보는 일본 | 박규태 🔲
196 디지털 에듀테인먼트 스토리텔링 | 강심호 🔲
197 디지털 애니메이션 스토리텔링 | 배주영 🔲
198 디지털 게임의 미학 | 전경란 🔲
199 디지털 게임 스토리텔링 | 한혜원 🔲
200 한국형 디지털 스토리텔링 | 이인화 🔲

201 디지털 게임, 상상력의 새로운 영토 | 이정엽 🔊
202 프로이트와 종교 | 권수영 📖
203 영화로 보는 태평양전쟁 | 이동훈
204 소리의 문화사 | 김토일 📖
205 극장의 역사 | 임종엽 📖
206 뮤지엄건축 | 서상우 📖
207 한옥 | 박명덕 📖🔎
208 한국만화사 산책 | 손상익
209 만화 속 백수 이야기 | 김성훈
210 코믹스 만화의 세계 | 박석환 📖
211 북한만화의 이해 | 김성훈 · 박소현
212 북한 애니메이션 | 이대연 · 김경임
213 만화로 보는 미국 | 김기홍
214 미생물의 세계 | 이재열 📖
215 빛과 색 | 변종철 📖
216 인공위성 | 장영근 📖
217 문화콘텐츠란 무엇인가 | 최연구 📖🔎
218 고대 근동의 신화와 종교 | 강성열 📖
219 신비주의 | 금인숙 📖
220 십자군, 성전과 약탈의 역사 | 진원숙
221 종교개혁 이야기 | 이성덕 📖
222 자살 | 이진홍 📖
223 성, 그 억압과 진보의 역사 | 윤가현 📖🔎
224 아파트의 문화사 | 박철수 📖
225 권오길 교수가 들려주는 생물의 섹스 이야기 | 권오길 📖
226 동물행동학 | 임신재 📖
227 한국 축구 발전사 | 김성원 📖
228 월드컵의 위대한 전설들 | 서준형
229 월드컵의 강국들 | 심재희
230 스포츠마케팅의 세계 | 박찬혁
231 일본의 이중권력, 쇼군과 천황 | 다카시로 고이치
232 일본의 사소설 | 안영희
233 글로벌 매너 | 박한표 📖
234 성공하는 중국 진출 가이드북 | 우수근
235 20대의 정체성 | 정성호 📖
236 중년의 사회학 | 정성호 📖🔎
237 인권 | 차병직 📖
238 헌법재판 이야기 | 오호택 📖
239 프라하 | 김규진 📖
240 부다페스트 | 김성진 📖
241 보스턴 | 황선희 📖
242 돈황 | 전인초 📖
243 보들레르 | 이건수 📖
244 돈 후안 | 정동섭 📖
245 사르트르 참여문학론 | 변광배 📖
246 문체론 | 이종오 📖
247 올더스 헉슬리 | 김효원 📖
248 탈식민주의에 대한 성찰 | 박종성 📖🔎
249 서양 무기의 역사 | 이내주 📖
250 백화점의 문화사 | 김인호 📖
251 초콜릿 이야기 | 정한진 📖
252 향신료 이야기 | 정한진 📖
253 프랑스 미식 기행 | 심순철
254 음식 이야기 | 윤진아 📖🔎

255 비틀스 | 고영탁 📖
256 현대시와 불교 | 오세영 📖
257 불교의 선악론 | 안옥선 🔎
258 질병의 사회사 | 신규환 📖🔎
259 와인의 문화사 | 고형욱 📖🔎
260 와인, 어떻게 즐길까 | 김준철 📖🔎
261 노블레스 오블리주 | 예종석 📖🔎
262 미국인의 탄생 | 김진웅 📖
263 기독교의 교파 | 남병두 📖🔎
264 플로티노스 | 조규홍 📖
265 아우구스티누스 | 박경숙 📖
266 안셀무스 | 김영철 📖
267 중국 종교의 역사 | 박종우 📖
268 인도의 신화와 종교 | 정광흠
269 이라크의 역사 | 공일주 📖
270 르 코르뷔지에 | 이관석 📖
271 김수영, 혹은 시적 양심 | 이은정 📖🔎🔊
272 의학사상사 | 여인석 📖
273 서양의학의 역사 | 이재담 📖🔎
274 몸의 역사 | 강신익 📖🔎
275 인류를 구한 항균제들 | 예병일 📖
276 전쟁의 판도를 바꾼 전염병 | 예병일 📖
277 사상의학 바로 알기 | 장동민 📖
278 조선의 명의들 | 김호 📖🔎
279 한국인의 관계심리학 | 권수영 📖🔎
280 모건의 가족 인류학 | 김용환
281 예수가 상상한 그리스도 | 김호경 📖
282 사르트르와 보부아르의 계약결혼 | 변광배 📖🔎
283 초기 기독교 이야기 | 진원숙 📖
284 동유럽의 민족 분쟁 | 김철민 📖
285 비잔틴제국 | 진원숙 📖🔎
286 오스만제국 | 진원숙 📖
287 별을 보는 사람들 | 조상호
288 한미 FTA 후 직업의 미래 | 김준성 📖
289 구조주의와 그 이후 | 김종우 📖
290 아도르노 | 이종하 📖
291 프랑스 혁명 | 서정복 📖🔎
292 메이지유신 | 장인성 📖🔎
293 문화대혁명 | 백승욱 📖🔎
294 기생 이야기 | 신현규 📖
295 에베레스트 | 김법모 📖
296 빈 | 인성기 📖
297 발트3국 | 서진석 📖
298 아일랜드 | 한일동 📖
299 이케다 하야토 | 권혁기 📖
300 박정희 | 김성진 📖🔊
301 리콴유 | 김성진 📖
302 덩샤오핑 | 박형기 📖
303 마거릿 대처 | 박동운 📖🔊
304 로널드 레이건 | 김형곤 📖🔊
305 셰이크 모하메드 | 최진영 📖
306 유엔사무총장 | 김정태 📖
307 농구의 탄생 | 손대범 📖
308 홍차 이야기 | 정은희 📖🔎

309 인도 불교사 | 김미숙 ▣
310 아힌사 | 이정호
311 인도의 경전들 | 이재숙 ▣
312 글로벌 리더 | 백형찬 ▣ ♪
313 탱고 | 배수경 ▣
314 미술경매 이야기 | 이규현 ▣
315 달마와 그 제자들 | 우봉규 ▣ ♪
316 화두와 좌선 | 김호귀 ▣ ♪
317 대학의 역사 | 이광주 ▣ ♪
318 이슬람의 탄생 | 진원숙 ▣
319 DNA분석과 과학수사 | 박기원 ▣ ♪
320 대통령의 탄생 | 조지형 ▣
321 대통령의 퇴임 이후 | 김형곤
322 미국의 대통령 선거 | 윤용희 ▣
323 프랑스 대통령 이야기 | 최연구 ▣
324 실용주의 | 이유선 ▣
325 맥주의 세계 | 원융희 ▣ ◀)
326 SF의 법칙 | 고장원
327 원효 | 김원명 ▣
328 베이징 | 조창완 ▣
329 상하이 | 김윤희 ▣
330 홍콩 | 유영하 ▣
331 중화경제의 리더들 | 박형기 ▣ ♪
332 중국의 엘리트 | 주장환 ▣
333 중국의 소수민족 | 정재남
334 중국을 이해하는 9가지 관점 | 우수근 ▣ ♪ ◀)
335 고대 페르시아의 역사 | 유흥태 ▣
336 이란의 역사 | 유흥태 ▣
337 에스파한 | 유흥태 ▣
338 번역이란 무엇인가 | 이향 ▣
339 해체론 | 조규형 ▣
340 자크 라캉 | 김용수 ▣
341 하지홍 교수의 개 이야기 | 하지홍 ▣
342 다방과 카페, 모던보이의 아지트 | 장유정 ▣
343 역사 속의 채식인 | 이광조 (절판)
344 보수와 진보의 정신분석 | 김용신 ▣ ♪
345 저작권 | 김기태 ▣
346 왜 그 음식은 먹지 않을까 | 정한진 ▣ ♪ ◀)
347 플라멩코 | 최명호
348 월트 디즈니 | 김지영 ▣
349 빌 게이츠 | 김익현 ▣
350 스티브 잡스 | 김상훈 ▣ ♪
351 잭 웰치 | 하정필 ▣
352 워렌 버핏 | 이민주
353 조지 소로스 | 김성진 ▣
354 마쓰시타 고노스케 | 권혁기 ▣ ♪
355 도요타 | 이우광 ▣
356 기술의 역사 | 송성수 ▣
357 미국의 총기 문화 | 손영호 ▣
358 표트르 대제 | 박지배 ▣
359 조지 워싱턴 | 김형곤 ▣
360 나폴레옹 | 서정복 ▣ ◀)
361 비스마르크 | 김장수 ▣
362 모택동 | 김승일 ▣

363 러시아의 정체성 | 기연수 ▣
364 너는 시방 위험한 로봇이다 | 오은 ▣
365 발레리나를 꿈꾼 로봇 | 김선혁 ▣
366 로봇 선생님 가라사대 | 안동근
367 로봇 디자인의 숨겨진 규칙 | 구신애 ▣
368 로봇을 향한 열정, 일본 애니메이션 | 안병욱 ▣
369 도스토예프스키 | 박영은 ▣ ◀)
370 플라톤의 교육 | 장영란 ▣
371 대공황 시대 | 양동휴 ▣
372 미래를 예측하는 힘 | 최연구 ▣
373 꼭 알아야 하는 미래 질병 10가지 | 우정헌 ▣ ♪ ◀)
374 과학기술의 개척자들 | 송성수 ▣
375 레이첼 카슨과 침묵의 봄 | 김재호 ▣ ♪
376 좋은 문장 나쁜 문장 | 송준호 ▣ ♪
377 바울 | 김호경 ▣
378 테킬라 이야기 | 최명호 ▣
379 어떻게 일본 과학은 노벨상을 탔는가 | 김범성 ▣ ♪
380 기후변화 이야기 | 이유진 ▣
381 상송 | 전금주
382 이슬람 예술 | 전완경 ▣
383 페르시아의 종교 | 유흥태
384 삼위일체론 | 유해무 ▣
385 이슬람 율법 | 공일주 ▣
386 (개정판) 반야심경·금강경 | 곽철환 ▣ ♪
387 루이스 칸 | 김낙중·정태용 ▣
388 톰 웨이츠 | 신주현 ▣
389 위대한 여성 과학자들 | 송성수 ▣
390 법원 이야기 | 오호택 ▣
391 명예훼손이란 무엇인가 | 안상운 ♪
392 사법권의 독립 | 조지형 ▣
393 피해자학 강의 | 장규원 ▣
394 정보공개란 무엇인가 | 안상운 ▣
395 적정기술이란 무엇인가 | 김정태·홍성욱 ▣
396 치명적인 금융위기, 왜 유독 대한민국인가 | 오형규 ▣ ♪
397 지방자치단체, 돈이 새고 있다 | 최인욱 ▣
398 스마트 위험사회가 온다 | 민경식 ▣
399 한반도 대재난, 대책은 있는가 | 이정직 ▣
400 불안사회 대한민국, 복지가 해답인가 | 신광영 ▣ ♪
401 21세기 대한민국 대외전략 | 김기수 ▣
402 보이지 않는 위협, 종북주의 | 류현수 ▣
403 우리 헌법 이야기 | 오호택 ▣
404 핵심 중국어 간체자(簡體字) | 김현정 ♪
405 문화생활과 문화주택 | 김용범 ▣
406 미래주거의 대안 | 김세용·이재준
407 개방과 폐쇄의 딜레마, 북한의 이중적 경제 | 남성욱·정유석 ▣
408 연극과 영화를 통해 본 북한 사회 | 민병욱 ▣
409 먹기 위한 개방, 살기 위한 외교 | 김계동 ▣
410 북한 정권 붕괴 가능성과 대비 | 전경주 ▣
411 북한을 움직이는 힘, 군부의 패권경쟁 | 이영훈 ▣
412 인민의 천국에서 벌어지는 인권유린 | 허만호 ▣
413 성공을 이끄는 마케팅 법칙 | 추성엽 ▣
414 커피로 알아보는 마케팅 베이직 | 김민주 ▣
415 쓰나미의 과학 | 이호준 ▣
416 20세기를 빛낸 극작가 20인 | 백승무 ▣

417 20세기의 위대한 지휘자 | 김문경 🅑 🔍
418 20세기의 위대한 피아니스트 | 노태헌 🅑 🔍
419 뮤지컬의 이해 | 이동섭 🅑
420 위대한 도서관 건축 순례 | 최정태 🅑 🔍
421 아름다운 도서관 오디세이 | 최정태 🅑 🔍
422 롤링 스톤즈 | 김기범 🅑
423 서양 건축과 실내디자인의 역사 | 천진희 🅑
424 서양 가구의 역사 | 공혜원 🅑
425 비주얼 머천다이징&디스플레이 디자인 | 강희수
426 호감의 법칙 | 김경호 🅑 🔍
427 시대의 지성, 노암 촘스키 | 임기대
428 역사로 본 중국음식 | 신계숙 🅑
429 일본요리의 역사 | 박병학 🅑 🔍
430 한국의 음식문화 | 도현신 🅑
431 프랑스 음식문화 | 민혜련 🅑
432 중국차 이야기 | 조은아 🅑 🔍
433 디저트 이야기 | 안호기 🅑
434 치즈 이야기 | 박승용 🅑
435 면(麵) 이야기 | 김한송 🅑 🔍
436 막걸리 이야기 | 정은숙 🅑 🔍
437 알렉산드리아 비블리오테카 | 남태우 🅑
438 개헌 이야기 | 오호택 🅑
439 전통 명품의 보고, 규장각 | 신병주 🅑 🔍
440 에로스의 예술, 발레 | 김도윤 🅑
441 소크라테스를 알라 | 장영란 🅑
442 소프트웨어가 세상을 지배한다 | 김재호 🅑
443 국제난민 이야기 | 김철민 🅑
444 셰익스피어 그리고 인간 | 김도윤 🅑
445 명상이 경쟁력이다 | 김필수 🅑
446 갈매나무의 시인 백석 | 이숭원 🅑 🔍
447 브랜드를 알면 자동차가 보인다 | 김흥식 🅑
448 파이온에서 힉스 입자까지 | 이강영 🅑
449 알고 쓰는 화장품 | 구희연 🅑
450 희망이 된 인문학 | 김호연 🅑 🔍
451 한국 예술의 큰 별 동랑 유치진 | 백형찬 🅑
452 경허와 그 제자들 | 우봉규 🅑 🔍
453 논어 | 윤홍식 🅑 🔍
454 장자 | 이기동 🅑 🔍
455 맹자 | 장현근 🅑 🔍
456 관자 | 신창호 🅑 🔍
457 순자 | 윤무학 🅑 🔍
458 미사일 이야기 | 박준복 🅑
459 사주(四柱) 이야기 | 이지형 🅑 🔍
460 영화로 보는 로큰롤 | 김기범 🅑
461 비타민 이야기 | 김정환 🅑 🔍
462 장군 이순신 | 도현신 🅑 🔍
463 전쟁의 심리학 | 이윤규 🅑
464 미국의 장군들 | 여영무 🅑
465 첨단무기의 세계 | 양낙규 🅑
466 한국무기의 역사 | 이내주 🅑
467 노자 | 임헌규 🅑 🔍
468 한비자 | 윤찬원 🅑 🔍
469 묵자 | 박문현 🅑 🔍
470 나는 누구인가 | 김용신 🅑 🔍

471 논리적 글쓰기 | 여세주 🅑 🔍
472 디지털 시대의 글쓰기 | 이강룡 🅑
473 NLL을 말하다 | 이상철 🅑 🔍
474 뇌의 비밀 | 서유헌 🅑 🔍
475 버트런드 러셀 | 박병철 🅑
476 에드문트 후설 | 박인철 🅑
477 공간 해석의 지혜, 풍수 | 이지형 🅑 🔍
478 이야기 동양철학사 | 강성률 🅑 🔍
479 이야기 서양철학사 | 강성률 🅑 🔍
480 독일 계몽주의의 유학적 기초 | 전홍석 🅑
481 우리말 한자 바로쓰기 | 안광희 🅑
482 유머의 기술 | 이상훈 🅑
483 관상 | 이태룡 🅑
484 가상학 | 이태룡 🅑
485 역경 | 이태룡 🅑
486 대한민국 대통령들의 한국경제 이야기 1 | 이장규 🅑 🔍
487 대한민국 대통령들의 한국경제 이야기 2 | 이장규 🅑 🔍
488 별자리 이야기 | 이형철 외 🅑 🔍
489 셜록 홈즈 | 김재성 🅑
490 역사를 움직인 중국 여성들 | 이양자 🅑 🔍
491 중국 고전 이야기 | 문승용 🅑 🔍
492 발효 이야기 | 이미란 🅑 🔍
493 이승만 평전 | 이주영 🅑 🔍
494 미군정시대 이야기 | 차상철 🅑
495 한국전쟁사 | 이희진 🅑 🔍
496 정전협정 | 조성훈 🅑 🔍
497 북한 대남 침투도발사 | 이윤규 🅑
498 수상 | 이태룡 🅑
499 성명학 | 이태룡 🅑
500 결혼 | 남정욱 🅑 🔍
501 광고로 보는 근대문화사 | 김병희 🅑 🔍
502 시조의 이해 | 임형선 🅑
503 일본인은 왜 속마음을 말하지 않을까 | 임영철 🅑
504 내 사랑 아다지오 | 양태조 🅑
505 수프림 오페라 | 김도윤 🅑
506 바그너의 이해 | 서정원 🅑
507 원자력 이야기 | 이정익 🅑
508 이스라엘과 창조경제 | 정성호 🅑
509 한국 사회 빈부의식은 어떻게 변했는가 | 김용신 🅑
510 요하문명과 한반도 | 우실하 🅑
511 고조선왕조실록 | 이희진 🅑
512 고구려조선왕조실록 1 | 이희진 🅑
513 고구려조선왕조실록 2 | 이희진 🅑
514 백제왕조실록 1 | 이희진 🅑
515 백제왕조실록 2 | 이희진 🅑
516 신라왕조실록 1 | 이희진 🅑
517 신라왕조실록 2 | 이희진
518 신라왕조실록 3 | 이희진
519 가야왕조실록 | 이희진 🅑
520 발해왕조실록 | 구난희 🅑
521 고려왕조실록 1 (근간)
522 고려왕조실록 2 (근간)
523 조선왕조실록 1 | 이성무 🅑 🔍
524 조선왕조실록 2 | 이성무 🅑 🔍

525 조선왕조실록 3 | 이성무 📖🔍
526 조선왕조실록 4 | 이성무 📖🔍
527 조선왕조실록 5 | 이성무 📖🔍
528 조선왕조실록 6 | 편집부 📖🔍
529 정한론 | 이기용 📖
530 청일전쟁 | 이성환 📖
531 러일전쟁 | 이성환 📖
532 이슬람 전쟁사 | 진원숙 📖
533 소주이야기 | 이지형 📖
534 북한 남침 이후 3일간, 이승만 대통령의 행적 | 남정옥
535 제주 신화 1 | 이석범 📖
536 제주 신화 2 | 이석범 📖
537 제주 전설 1 | 이석범 (절판)
538 제주 전설 2 | 이석범 (절판)
539 제주 전설 3 | 이석범 (절판)
540 제주 전설 4 | 이석범 (절판)
541 제주 전설 5 | 이석범 (절판)
542 제주 민담 | 이석범
543 서양의 명장 | 박기련 📖
544 동양의 명장 | 박기련 📖
545 루소, 교육을 말하다 | 고봉만 · 황성원 📖
546 철학으로 본 앙트러프러너십 | 전인수
547 예술과 앙트러프러너십 | 조명계 📖
548 예술마케팅 | 전인수 📖
549 비즈니스상상력 | 전인수 📖
550 개념설계의 시대 | 전인수 📖
551 미국 독립전쟁 | 김형곤 📖
552 미국 남북전쟁 | 김형곤 📖
553 초기불교 이야기 | 곽철환 📖
554 한국가톨릭의 역사 | 서정민 📖
555 시아 이슬람 | 유흥태 📖
556 스토리텔링에서 스토리두잉으로 | 윤주 📖
557 백세시대의 지혜 | 신현동 📖
558 구보 씨가 살아온 한국 사회 | 김병희 📖
559 정부광고로 보는 일상생활사 | 김병희 📖
560 정부광고의 국민계몽 캠페인 | 김병희 📖
561 도시재생이야기 | 윤주 📖🔍
562 한국의 핵무장 | 김재엽 📖
563 고구려 비문의 비밀 | 정호섭 📖
564 비슷하면서도 다른 한중문화 | 장범성 📖
565 급변하는 현대 중국의 일상 | 장시,리우린,장범성 📖
566 중국의 한국 유학생들 | 왕링윈, 장범성 📖
567 밥 딜런 그의 나라에는 누가 사는가 | 오민석 📖
568 언론으로 본 정부 정책의 변천 | 김병희 📖
569 전통과 보수의 나라 영국 1-영국 역사 | 한일동 📖
570 전통과 보수의 나라 영국 2-영국 문화 | 한일동 📖
571 전통과 보수의 나라 영국 3-영국 현대 | 김언조 📖
572 제1차 세계대전 | 윤형호 📖
573 제2차 세계대전 | 윤형호 📖
574 라벨로 보는 프랑스 포도주의 이해 | 전경준 📖
575 미셸 푸코, 말과 사물 | 이규현 📖
576 프로이트, 꿈의 해석 | 김석 📖
577 왜 5왕 | 홍성화 📖
578 소가씨 4대 | 나행주 📖
579 미나모토노 요리토모 | 남기학 📖
580 도요토미 히데요시 | 이계황 📖
581 요시다 쇼인 | 이희복 📖
582 시부사와 에이이치 | 양의모 📖
583 이토 히로부미 | 방광석 📖
584 메이지 천황 | 박진우 📖
585 하라 다카시 | 김영숙 📖
586 히라쓰카 라이초 | 정애영 📖
587 고노에 후미마로 | 김봉식 📖
588 모방이론으로 본 시장경제 | 김진식 📖
589 보들레르의 풍자적 현대문명 비판 | 이건수 📖
590 원시유교 | 한성구 📖
591 도가 | 김대근 📖
592 춘추전국시대의 고민 | 김현주 📖
593 사회계약론 | 오수웅 📖
594 조선의 예술혼 | 백형찬 📖
595 좋은 영어, 문체와 수사 | 박종성 📖

종교개혁 이야기

펴낸날	초판 1쇄	2006년 2월 28일
펴낸날	초판 8쇄	2024년 9월 30일

지은이	이성덕
펴낸이	심만수
펴낸곳	(주)살림출판사
출판등록	1989년 11월 1일 제9-210호

주소	경기도 파주시 광인사길 30
전화	031-955-1350 팩스 031-624-1356
홈페이지	http://www.sallimbooks.com
이메일	book@sallimbooks.com

ISBN	978-89-522-0486-8 04080
	978-89-522-0096-9 04080 (세트)